18岁走向世界

世界美如画，在我们眼前徐徐展开……

美国中部10大名校
留学游学完全指南

刘昱承 等⊙编著/摄影

旅游教育出版社
Tourism Education Press

目录

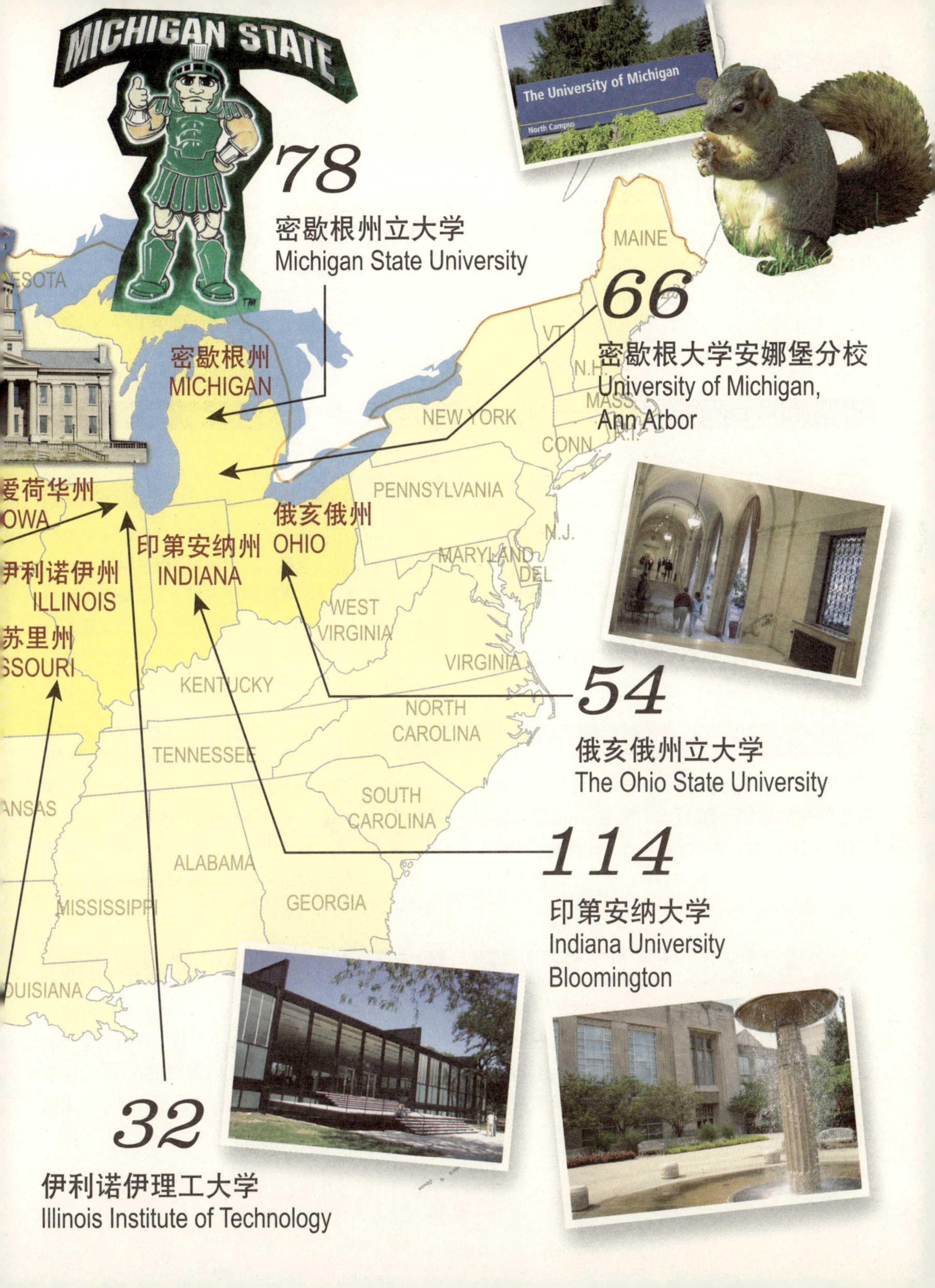
MICHIGAN STATE
The University of Michigan
North Campus
78
密歇根州立大学
Michigan State University
66
密歇根大学安娜堡分校
University of Michigan,
Ann Arbor
54
俄亥俄州立大学
The Ohio State University
114
印第安纳大学
Indiana University
Bloomington
32
伊利诺伊理工大学
Illinois Institute of Technology
密歇根州
MICHIGAN
俄亥俄州
OHIO
印第安纳州
INDIANA
伊利诺伊州
ILLINOIS
MAINE
VT
N.H.
MASS.
NEW YORK
CONN.
R.I.
PENNSYLVANIA
N.J.
MARYLAND
DEL
WEST
VIRGINIA
VIRGINIA
KENTUCKY
NORTH
CAROLINA
TENNESSEE
SOUTH
CAROLINA
ALABAMA
GEORGIA
MISSISSIPPI

How to use

如何使用本书

本书以协助正准备留学美国中西部，但是对于各校位置、学校特色，或是周边生活环境不甚清楚的同学为写作目标，提供一个初步但是清楚易懂的指南，让同学们在决定申请哪些美国中西部大学之前，能同时对大学城附近的生活娱乐设施有相当程度的了解。并且，本书也相当适合那些准备赴中西部大城市旅游的读者阅读，在走访各大城市之时，也可以到附近的知名大学进行参观，回味一下自己学生时代的校园生活，并且品尝校园平价美食。

每个学校分成六大单元

作者介绍·校园花絮

本书介绍10所学校，共9位作者，以自身经验将母校最值得介绍的校园风情呈现给大家。每个学校都有极为丰富的校园信息并搭配相关图片，作者对母校的情感一一表露。不同于市面上千篇一律的留学信息，每一篇都承载了作者诚挚的品质保证。

学校简介

用学校及所在的城市进行点题，介绍城市与学校之间的依存关系以及近年的发展。有限的篇幅除了介绍建校缘起、历史沿革之外，还添加了知名美国大学之间的校际对抗小典故。是对学校进行初步认识的最好切入点。

学术声望与杰出校友

美国知名大学大多建校数十年至百年，拥有相当丰富的建校历史，因此拥有众多领域杰出校友的信息。通过这些信息可以知道该校最为突出的领域是什么，这可以作为读者择校时的简单参考指标，赶紧翻开来看看。

如何抵达学校

缩图显示了校园的相对位置，这可以让读者对学校位置有概括性的了解。书中提供各种抵达学校的交通方式，例如飞机转机场巴士、机场巴士到市区如何接驳等。学校对外交通方式也是一大重点，读者可以从内文了解学校所在位置交通是否便利，这一点也可作为择校的考虑因素之一。

校园美景导览

美国大学的校园普遍很大，同学们若欲到此学习，不可不知最为人熟知的知名校内景点。本书搭配校园平面图，将知名景点一一罗列，再加上详细的导览，读者不但可以看门道，也可以看热闹。精彩的景点照片还可以让你先睹为快。

校园周边美食

针对校园所在地区民众的生活特性进行简单描述，搭配大学周边平价美食地图，介绍学生最喜欢的美食餐厅、咖啡馆以及逛街淘货圣地！这本书不但是给留学生的私房推荐，更是观光客不可错过的指南。

1 篇章

以不同学校区分各篇章

2 单元小目录

每篇开始时，详列所包含的板块，一目了然

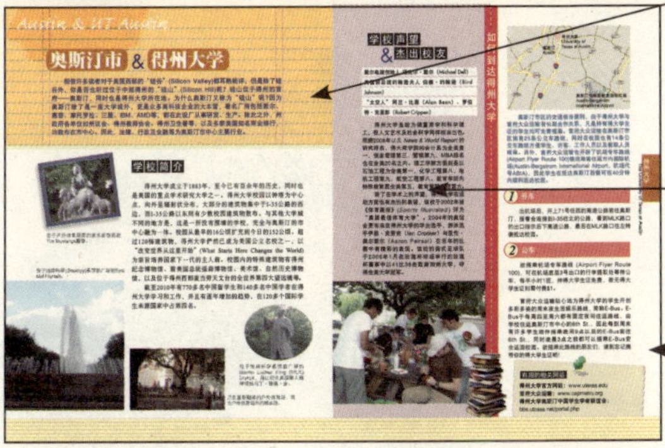

3 学校简介

城市与学校之间的关系，建校缘起，历史沿革

4 学校声望&杰出校友

学术成就评估的快速检索表

5 如何抵达校园

校园与机场相对位置，以及交通方式解说

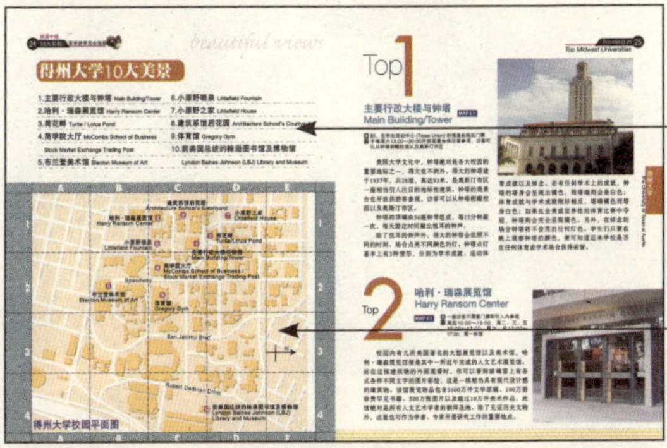

6 校园美景小目录

景点名称目录整理，编号方便查找

7 校园平面图

按图索骥，搭配景点名称及坐标

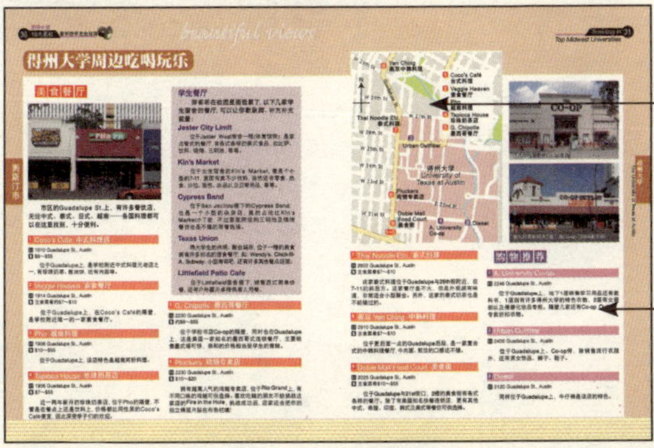

8 美食地图

按图索骥，搭配餐厅编号

9 美食购物玩乐推荐

吃喝玩乐地点整理，编号方便查找

密苏拉镇

蒙大拿大学

The University of Montana, 简称UM

城市：密苏拉镇(Missoula)
州：蒙大拿州(Montana State)
吉祥物：一只名叫Monte 的熊
代表色：红色

异乡求学的岁月短暂而五味杂陈，
感谢这次写作的机会，
让我将对蒙大拿大学与
密苏拉镇的印象及回忆付诸文字。

作者 张晓琪

蒙大拿大学教育硕士，2006秋季班毕业，
后于加州大学戴维斯分校就读PHD。

The University of Montana
Missoula, Montana, United States of America (USA)

UM

Missoula & The University of Montana

密苏拉镇 & 蒙大拿大学

还记得电影《马语者》中沿着公路湛蓝无际的天空吗？还记得《大地雄心》中，尼科尔·基德曼驾着马车在一望无际的大草原圈地的片段吗？这两部影片就拍摄于有着“Big Sky”之称的蒙大拿州，该州有黄石和冰河两个国家公园以及7个印第安保留区。密苏拉镇依山傍水，为盆地地形，克拉克·福克(Clark Fork)河流经盆地，镇上除了蒙大拿州传统的牛仔草原文化，更深受大学生文化的影响。另外就是当地绝不能错过的户外活动，不管是钓鱼、攀岩、滑雪或是登山健行，都是体验当地文化相当不错的活动。

蒙大拿大学的校门。

学校简介

蒙大拿大学成立于1893年，从那时开始一直致力于促进蒙大拿州西部教育事业的发展，是该州最好的大学。《滚石杂志》曾赞誉蒙大拿大学校园为全美景色最秀丽的校园，《户外生活杂志》更是赞誉蒙大拿大学为前十所兼顾学术品质及户外活动的学校。

当年，Lewis & Clark在一位印第安少女向导的带领下，发现了蒙大拿州这片新天地；今日的蒙大拿大学仍秉持着先贤们的精神，学校座右铭即为“Lux Et Veritas”(Light and truth)，光明和真理如同火炬般照耀着在学术界追求真实的荣耀。

密苏拉镇是一座名副其实的大学城，而蒙大拿大学的发展也和这个城镇息息相关。学校建校之初没有校门，也没有特意和四周环境隔开，目前的蒙大拿大学虽经过一百多年的扩建，在行政大楼(Main Hall)附近建筑越来越多，但融入四周环境的特点还是一如既往，学校宿舍对面就是附近的住宅区，部分学校学生公寓和住宅区相杂，若不是本地人，很容易产生“我现在是在学校里面还是学校外面”的疑惑。

国际学生节的热闹实况。

一进密苏拉镇和蒙大拿大学，首先看到的就是大灰熊(Grizzly Bear)，欢迎人们来到“大灰熊之乡”，在机场一抬头，高处的木质装饰及周围的羚羊、山羊、熊及其他野生动物的标本，让人仿佛置身于自然生物博物馆，而自然生物博物馆就是对蒙大拿大学以及蒙大拿州的最好诠释。

密苏拉镇及蒙大拿大学本身外籍人口及外籍学生比例偏低，但是身处其中，并不会有特别的排外感觉，相反有时当地人会因为你不是本地人，而对你主动伸出援手，小镇充满了人情味。密苏拉镇人口在近20年来急速扩张，从2万人到8万人，而蒙大拿大学也在这20年间增建了不少学院及系所。

学校声望&杰出校友

美国前任参议员及美国驻日大使 迈克·曼斯菲尔德（Mike Mansfield）

蒙大拿州最高法院法官 约翰·华纳（John Warner）

蒙大拿大学目前有人文及自然科学、山林管理保育及科技3所主要学院(College)，另有6所学院(School)分别为：教育、新闻、药学、法律、艺术及商学院。令国际学生烦恼的社会安全卡(Social Security Number，简称SSN)，在开学时，对学校的外国学生及学者办事处(FSSS)会统一予以办理。

野生生物系(Wild Life)和森林系(Forestry)是蒙大拿大学的强项领域，每年冬天或夏天，也有针对冬季林相及野生动物观察的课程。药学(Pharmacy)方面排名也在全美前10名，商学院近些年接受微软赞助，兴建了新学院大楼。蒙大拿大学有全美最老的新闻学院，开设印刷、广播、摄影与广电课程，教育学院以课程教学及学校行政见长，每年不定时与州政府有合作研究计划。

校园生活

野生动物穿梭校园

校园中，松鼠满地跑？对！你没看错，尤其是冬天早晨时，学校的大草坪上满是出来觅食的松鼠。盆地地形的密苏拉镇，每到秋天高山便开始下雪，密苏拉镇附近山头戴雪，鹿群为觅食纷纷下山寻找栖息地，因此冬天时，常见鹿悠闲地在校园中漫步。此外，各种各样的鸟类及不同的野生动物，在密苏拉镇也是司空见惯，有时甚至还能见到浣熊呢！

喝酒不开车，校方贴心推出酒醉巴士

说到酒醉巴士(Drunken Bus)，就不得不提蒙大拿大学及密苏拉镇的夜生活。学校为什么有酒醉巴士给学生搭乘呢？学校本来是出于交通安全的考虑，让不想在雪地开车或住市中心的学生，拥有除了自行开车之外的第二选择。校方的第二个考虑是，根据统计，每年酒驾出事的学生比例偏高，因此校方决定在每周一、三、五的晚上加开校车，但后来因为去市中心喝酒、跑夜店学生比例偏高，车上绝大多数都是喝醉酒或要去买醉的学生，所以得了别名“酒醉巴士”。

国际美声传唱校园

每隔3年的夏天，来自世界各地的合唱团体都会齐聚密苏拉镇，分享美好的歌声及传播友谊，最近一次的国际合唱音乐节(Missoula International Choral Festival)在2011年的7月中旬举办，若有意在此时参访蒙大拿，不妨安排聆听合唱的行程。详情请见网站www.choralfestival.org。

一天即可体验四季变化

密苏拉镇的冬天长达半年，即使到4月仍会飘雪，附近的弗拉特黑德（Flathead）是滑雪胜地，4月底5月初，花苞悄悄地绽放枝头，正式宣布春天的到来，这时的密苏拉镇被装扮得五颜六色，处处欣欣向荣。春天气温变化不定，气温约5～15℃，一天之中温差最高可达15℃。春天跟秋天一样时间很短，为期1个月，不久便进入干旱炎热的夏天。

还记得第一次抵达学校时，看到黄黄的圣第诺山，很不能理解为什么这山会如此不绿，但隔年6月终于了解了原因。夏日的密苏拉镇，日出时间约4、5点，日落时间是8、9点，夏至时可到10点，长时间日照，天上没云，也不下雨，草地自然绿不起来！夏天气温在20℃以上，7月中气温可高达37℃。

秋天开始于9月底左右，每年时间不太一样，而且秋季不长，大约1个月，10月底或11月初，开始飘雪进入为期半年的冬季。秋天气温约在10℃～25℃间。

至于蒙大拿州的天气，一天之中可见四季。早上和风煦煦；中午云层变厚，和风变寒风，开始下雪，没多久雪就停了，远方的天空一望无际；傍晚太阳西沉，天空一片红光，完全没有下过雪的感觉；到晚上，要穿大外套抵御寒气。即使在冬天或夏天，气温的变化也很大，上一周可能是0℃左右，这一周来了暴风雪，温度低到－28℃，天气的善变让人无法想象。冬天平均温度在－10℃左右，若冬天气温在0℃～5℃之间“徘徊”，对这里而言可算是暖冬呢！

密苏拉镇

必玩项目

1 找个晴天的日子爬圣第诺山，体验“Big Sky”风光。

2 在晴天的日子带本书在校园里看，体验人云：“在这座城镇找不到压力。”

3 看美式橄榄球，和观众们一起呐喊“Go Griz! ”

4 在开学的日子，去市中心的Bar或Pub喝杯小酒!

如何到达蒙大拿大学

要到蒙大拿大学可先搭机至密苏拉国际机场(Missoula International Airport，机场代码MSO)，然后采取以下几种方法到达学校。

1 开车

由机场走高速公路到学校，约10~15分钟。

★ Missoula International Airport

✉: 5225 W Broadway St , Missoula

2 公车

每小时有整点发车从机场到学校的巴士，在机场对面搭乘即可，上车时记得跟司机说在哪儿下车!

密苏拉镇大众运输系统虽然只有公交车（Moun-tain Line Bus)，但还算方便，坐公交车几乎可以到达城镇的每个角落，公交车共有12条路线，其中10路、11路可以到达机场，校园里有站牌，不过上车时要跟司机说去机场。

从校园坐公交车到其他地方相当方便，不过公交车并不是几分钟发一班，而是按时间表发车，通常能够按时间表上的时间到站，相当准时。冬天等候时间比较久，晚上7点结束运营，周日不发车。晚上没有市中心的公交车可以搭，但开学期间，每周一、三、五晚上，学校有酒醉巴士往返于市中心跟学校之间，时间从晚上9点到次日凌晨2点。校园内的乘车处有二，1、6、12号线在Arthur Hall，8号线则在体育馆。

有用的相关网站

Mountain Line公车网站：
www.mountainline.com
蒙大拿大学官方网站：
www.umt.edu
蒙大拿大学中国留学生学者联谊会：
msucssa.blog sohu.com

beautiful views

蒙大拿大学5大美景

1. 行政大楼 / 钟楼 Main Hall
2. 曼斯菲尔德图书馆 Mansfield Library
3. 圆形广场 The Oval 和 大灰熊雕像 Grizzly Statue
4. 体育场 Washington-Grizzle Stadium
5. 克拉克 · 福克河 Clark Fork River 和 圣第诺山 Mt. Sentinel

蒙大拿大学校园平面图

Top 1

行政大楼 / 钟楼 Main Hall

MAP:C2

免费，一般游客可入内参观
周一～周五08:00～17:00

行政大楼不但是学校最早的建筑，也是蒙大拿大学的地标性建筑之一，在学校的相关文件上，都可以看见行政大楼的图样以及1893字样，由于每天中午12点及晚上6点，楼上皆有报时音乐传出，因而又被昵称为“钟楼”。这栋建筑内部为木质结构，建筑内部陈设充分体现着学校建校之初的景象。木质建筑及壁炉，呈现了19世纪大草原上典型的木屋风格。

Top 2

曼斯菲尔德图书馆 MAP:D2
Mansfield Library

$ 一般民众换证可直接进入，图书馆一楼不定时有艺术展览品陈列

http www.lib.umt.edu

关于图书馆的捐赠者曼斯菲尔德（Mike Mansfield），有着一段让人动容的故事。曼斯菲尔德在密苏拉附近的布特（Butte）小镇当铜矿工时，结识了出身望族、当时在布特高中教书的莫林·海耶斯（Maureen Hayes），并最终结婚。婚后，曼斯菲尔德在莫林的鼓励及经济支持下，辞掉矿工的工作，通过高中水平考试，进入Montana State University in Missoula（今日蒙大拿大学的前身)就读，1933年取得学士学位后，隔年又取得了历史及政治双硕士学位。在蒙大拿大学任教几年后，莫林再次鼓励他往政治界发展，曼斯菲尔德步人仕途后，平步青云从专业人员至蒙大拿州参议员，并在1977－1988年担任美国驻日本大使。今天在蒙大拿大学400多名国际学生中，有一半来自日本，原因即在此。而由于曼斯菲尔德将自己的荣耀归功于莫林，因此他坚持铸造莫林的铜像而非自己的。

密苏拉镇

虽然图书馆的背后有这样一段动人的故事，但图书馆本身外观并不像故事般动人。图书馆共5层楼，地下2层、地上3层，为应对冬天强劲的冰雪，窗户采用长狭形设计，采光稍差，地下2层为胶片收藏室，地上3楼视野采光最佳，设有蒙大拿大学专门图书收藏室及亚洲研究图书收藏室。不过，若想俯瞰校园全景，还是建议去登圣第诺山。

Top 3

圆形广场 & 大灰熊雕像
The Oval & Grizzly Statue MAP:C3

以大灰熊雕像为原点画一圆周，就是位于校园中心的圆形广场。春夏之际，这里是学生们上课、游乐及看书的好地方。由于蒙大拿大学的冬天长达半年，所以许多教授会在天气晴朗的夏日选择在户外上课，体验久违的大自然。圆形广场四周为蒙大建校之初的主校园区，大家不妨绕着广场走一圈照照相，有不少较具历史性的建筑或仿古建筑可供参观。

大灰熊雕像周围有一圈圈红砖，仔细看看，每一块砖上都写有人名，这些人大部分是对蒙大拿大学有贡献的校友，或者对蒙大拿大学有贡献或捐款的当地居民。雕像一年四季景不同，若要看花团锦簇，请在5月到8月造访；若是要看积雪落于熊背，那么请在10月至隔年3月来。

每年开学后，8、9月时，在圆形广场会有不定时的夏日剧场，详细时间请到学校网站的“event”处查询，至于夏日剧场的内容，通常都是些经典剧，例如莎士比亚的作品等，而较少当代剧作家的作品。

Top 4

体育场 Washington-Grizzle Stadium MAP:A1

- 没有球赛时可入内参观，有球赛时需门票
- 每季美式橄榄球赛及平常上班时间(由侧门进入)

蒙大拿大学的美式橄榄球赛，每一次都是当地盛事，尤其是在主场比赛时，铁杆球迷彻夜不睡，守候在售票处前方，可以说是一票难求！专程开车前往观赛的也大有人在，还有开车10个小时或以上赶来的，从橄榄球场每到比赛季便出现的车队长龙，就可预知比赛的精彩程度。

除了校园广场的大灰熊及学校吉祥物Monte外，蒙大拿大学的各支球队通称Grizzlies，女子队伍就称Lady Griz，“Go Griz！”成为看比赛必喊的一句话。1990年后，蒙大拿大学的橄榄球队在全国渐渐打响名声，目前隶属于Big Sky联盟和 NCAA Football Championship Subdivision联盟，1995年及2001年获得I-AA全国冠军。Lady Griz方面，以女篮最耀眼，短短24年间，在Big Sky联盟共赢得16次冠军。

Top 5

克拉克·福克河 & 圣第诺山 Clark Fork River & Mt. Sentinel MAP:A1,D1

蒙大拿大学校园依山傍水，背靠圣第诺山，克拉克·福克河则流经校园左侧，夏日时，不时可见钓鱼者在桥上或河岸垂钓。

圣第诺山上标示一个大大的M字，所以大家就习惯直接称它为“M山”，如果在密苏拉镇迷路可以M山为路标，就能走回学校。M山也是俯瞰全密苏拉最好的地点，爬M山是来密苏拉一定要参与的活动。M山除了爬山的小路外，还有另一条路可走到学校较远的学生住宿区Lewis & Clark Village，如果时间够又有体力，建议两条路都走走。不过，夏秋之际，M山有时会封山，避免森林大火。

蒙大拿大学周边吃喝玩乐

美食餐厅

动物的踪影不仅见于校园、球队，学校餐厅也命名为"食物动物园"(Food Zoo)，一般游客付＄7即可入园用餐。体育馆附近，过桥有Subway、River这几家店，Wok卖亚洲料理，口味偏重。

1 Thai Spicy 泰国餐厅

206 W Main St., Missoula
(406)543-0260
$7～$15

这家餐厅历史悠久，在密苏拉镇观光导览地图上，也有一席之地，推荐菜：Crispy duck、Pad Thai，这里也有中国菜，但味道不够正宗。

2 Iron Horse Brew Pub

501 N. Higgins St., Missoula
www.ironhorsebrewpub.com
$5～$20

来Iron Horse尝尝地道的美式汉堡，一磅的Kettle House Brewing，不失为体验当地美食的另一方式。另外来此店别忘了尝尝招牌菜Griz Burger，半磅的Black Angus肉，上面覆着培根、蓝纹奶酪及蘑菇，厚实的口感，分量足，一般女生可能吃不完。Iron Horse周末有时会有街头艺人在外表演。

3 Big Dipper 手工冰激凌专卖店

631 S Higgins Ave, Missoula
(406)543-5722
bigdippericecream.com
$2～$6

从学校去往市中心途中，桥头处有家手工制冰激凌Big Dipper专卖店，一定要试试黑果木(Huckleberry)口味，风味独特。

酒吧夜店

如果想体验密苏拉镇的夜生活，不妨先在市中心的Iron Horse尝尝地道的美式三明治，接着到Depot小酌，喝便宜调酒，吃点东西储备体力，最后再去Hammer Jack无烟Pub跳舞。如果在学期初或学期末，学生的情绪更高涨，玩得更热闹。

1 Depot Restaurant & Bar

201 Railroad St W , Missoula
(406)728-7007
$3～$15

气氛好，而且酒类饮料便宜，因而深受学生喜爱。

2 Hammer Jack

147 W Broadway St, Missoula
(406)721-3854
$5～$15

3 Raven Café

130 E Broadway St , Missoula
(406)829-8188
$1～$10

Raven Café每周五、六晚上有不定时的乐团表演，喜欢浅酌、听听乐团表演的人，欢迎在周末晚上到Raven Café看看。

周边景点

密苏拉镇周边有两个较著名的景点，一是车程约2小时的弗拉特黑德（Flathead）湖，夏季时可在湖畔樱桃园采樱桃；另一是国家冰河公园(Glacier Park)，此处距离密苏拉镇车程10小时，相当接近大瀑布（Great Fall）镇。

艺术展演

如果你喜欢看展览，密苏拉镇市中心就有许多隐秘的小艺廊，走入这些艺廊你会惊讶地发现，这样一个人口仅8万的小镇，原来有这么多的艺术家。若喜欢看电影，不妨到市中心，桥头历史悠久的Wilma Theater，在古色古香的环境中看场电影。

1 Missoula Art Museum

✉ 335 N Pattee St, Missoula
☎ (406)728-0447

2 Wilma theater

✉ 131 S Higgins Ave , Missoula
☎ (406)728-2521

住宿选择

以下旅馆皆在学校附近，如果经济并不宽裕，可以选择Campus Inn，走2个街区可到学校，也距离克拉克·福克河不远。如果经济较宽裕，可选择两星的Holiday Inn Express Missoula-Riverside，住在这儿可俯瞰克拉克·福克河景，想去学校过个桥即可。

1 Campus Inn

✉ 744 E Broadway, Missoula
☎ 1-(800)-232-8013或(406)549-5134

2 Holiday Inn Express Missoula-Riverside

✉ 1021 East Broadway, Missoula
☎ (406)549-7600
FAX (406)543-2223

奥斯汀市

得州大学奥斯汀分校

得克萨斯州大学奥斯汀分校(The University of Texas at Austin)，简称得州大学(UT Austin)

城市：奥斯汀市(Austin Ctty)
州：得克萨斯州(Texas State)
吉祥物：一只名叫Bevo 的长角牛
代表色：橘色

快乐地度过在得州大学的大学生涯。

主修微生物专业。

目前正在美国境内既不中部又不东岸的

印第安纳州的一个教育研究所工作。

院系：2005年12月主修生物系毕业，
2007年5月辅修自然科学教育毕业。

作者 潘君玮

The University of Texas at Austin
Austin, Texas, United States of America (USA)

UT Austin

奥斯汀市 & 得州大学

相信许多读者对于美国西部的“硅谷”(Silicon Valley)都耳熟能详，但是除了硅谷外，你是否也听过位于中部得州的“硅山”(Silicon Hill)呢？硅山位于得州的首府——奥斯汀，同时也是得州大学所在地。为什么奥斯汀又称为“硅山”呢?因为奥斯汀除了是一座大学城外，更是众多高科技企业的大本营，著名厂商包括戴尔、惠普、摩托罗拉、三星、IBM、AMD等，都在此设厂从事研发、生产。除此之外，州政府各单位如州议会、得州教师协会、得州卫生署等，以及多家美国知名商业银行，均散布在市中心。因此，法律、行政及金融等为奥斯汀市中心主要行业。

位于户外体育场旁的美术系馆前的The Mustangs雕像。

学校简介

得州大学成立于1883年，至今已有百余年的历史，同时也是美国的重点学术研究大学之一。得州大学校园以钟塔为中心点，向外呈辐射状分布，大部分的建筑物集中于I-35公路的西边，而I-35公路以东则有少数校园建筑物散布。与其他大学城不同的地方是，这是一所没有围墙的学校，完全与奥斯汀的市中心融为一体。校园从最早的16公顷扩充到今日的152公顷、超过120栋建筑物，得州大学俨然已成为美国公立名校之一，以“改变世界从这里开始”(What Starts Here Changes the World)为宗旨培养国家下一代的主人翁。校园内的特殊建筑物有得州纪念博物馆、前美国总统强森博物馆、美术馆、自然历史博物馆，以及位于得州西部麦当劳天文台的全世界第四大望远镜等。

截至2010年有770多名中国留学生和140多名中国学者在得州大学学习和工作，并且有逐年增加的趋势，在120多个国际学生来源国家中占第四名。

位于地球科学(Geology)系馆前广场的East Mall Fountain。

位于地球科学系馆前广场的Martin Luther King (MLK) Statue，用以纪念美国黑人精神领袖马丁·路德·金。

正在重新翻修的户外体育场，前为户外体育场外的喷水池。

学校声望&杰出校友

戴尔电脑创始人 迈克尔·戴尔（Michael Dell）

美国前总统约翰逊夫人 伯德·约翰逊（Bird Johnson）

“太空人”阿兰·比恩（Alan Bean）、罗伯特·克里彭（Robert Crippen）

得州大学虽较为偏重商学和科学理工，但人文艺术及社会科学同样相当出色。根据2008年*U.S. News & World Report*的研究排名，得大商学院的会计系为全美第一，信息管理第三，营销第九，MBA排名也在全美20名之内。理工学院方面则是以石油工程为全美第一，化学工程第八，电机工程第九，航空工程第八。教育学院内特殊教育居全美第五，教育管理则居第六。

除了在学术上的声望，得州大学在运动方面也有杰出的表现，该校于2002年被《体育画报》(*Sports Illustrated*) 评为“美国最佳体育大学”。2004年的奥运会更有来自得州大学的学生选手，游泳选手伊恩·克劳克（Ian Crocker）与亚伦·佩尔索尔（Aaron Peirsol）在当年的比赛中有精彩的表现。该校的美式足球队于2006年1月在玫瑰杯球场举行的玫瑰杯赛事中以41比38击败南加州大学，夺得全美大学冠军。

如何到达得州大学

奥斯汀市区的交通相当便利，由于得州大学与首府大众运输有长期合作关系，凡是持有得大学生证的学生均可免费搭乘。首府大众运输在奥斯汀市区拥有25条公交车路线，同时在校园也有14条公交车路线方便学生、访客、工作人员以及教职人员搭乘。另外，首府大众运输也开辟了机场专车路线(Airport Flyer Route 100)接送乘客往返市内国际机场(Austin-Bergstrom International Airport，机场代号ABIA)，因此学生在抵达奥斯汀后便可在40分钟内顺利抵达校园。

1 开车

出机场后，开上71号往西的高速公路前往奥斯汀，接着会连接到I-35往北的公路，看到MLK路口的出口指示后下高速公路，最后在MLK路口往左转便抵达校园。

2 公车

欲搭乘机场专车路线（Airport Flyer Route 100），可在机场底层3号出口的行李提取处等待公车，每半小时1班，持得大学生证免费，若无得大学生证则需付费$1。

首府大众运输贴心地为得州大学的学生开创多彩多姿的周末夜生活娱乐路线，简称E-Bus。E-Bus于每周四至周六都有固定夜间往返路线，由学校往返奥斯汀市中心的6th St.，因此每到周末有许多学生结伴搭乘晚间9点以后的E-Bus前往6th St.，同时凌晨3点之前都可以搭乘E-Bus安全返回校园。欲搭乘此路线的朋友们，请别忘记携带你的得大学生证哟!

有用的相关网站

得州大学官方网站：www.utexas.edu

首府大众运输：www.capmetro.org

得州大学奥斯汀中国学生学者联谊会：bbs.utcssa net/portal.php

得州大学10大美景

1. 主要行政大楼与钟塔 Main Building/Tower
2. 哈利·瑞森展览馆 Harry Ransom Center
3. 荷花畔 Turtle / Lotus Pond
4. 商学院大厅 McCombs School of Business Stock Market Exchange Trading Post
5. 布兰登美术馆 Blanton Museum of Art
6. 小原野喷泉 Littlefield Fountain
7. 小原野之家 Littlefield House
8. 建筑系馆后花园 Architecture School's Courtyard
9. 体育馆 Gregory Gym
10. 前美国总统约翰逊图书馆及博物馆 Lyndon Baines Johnson (LBJ) Library and Museum

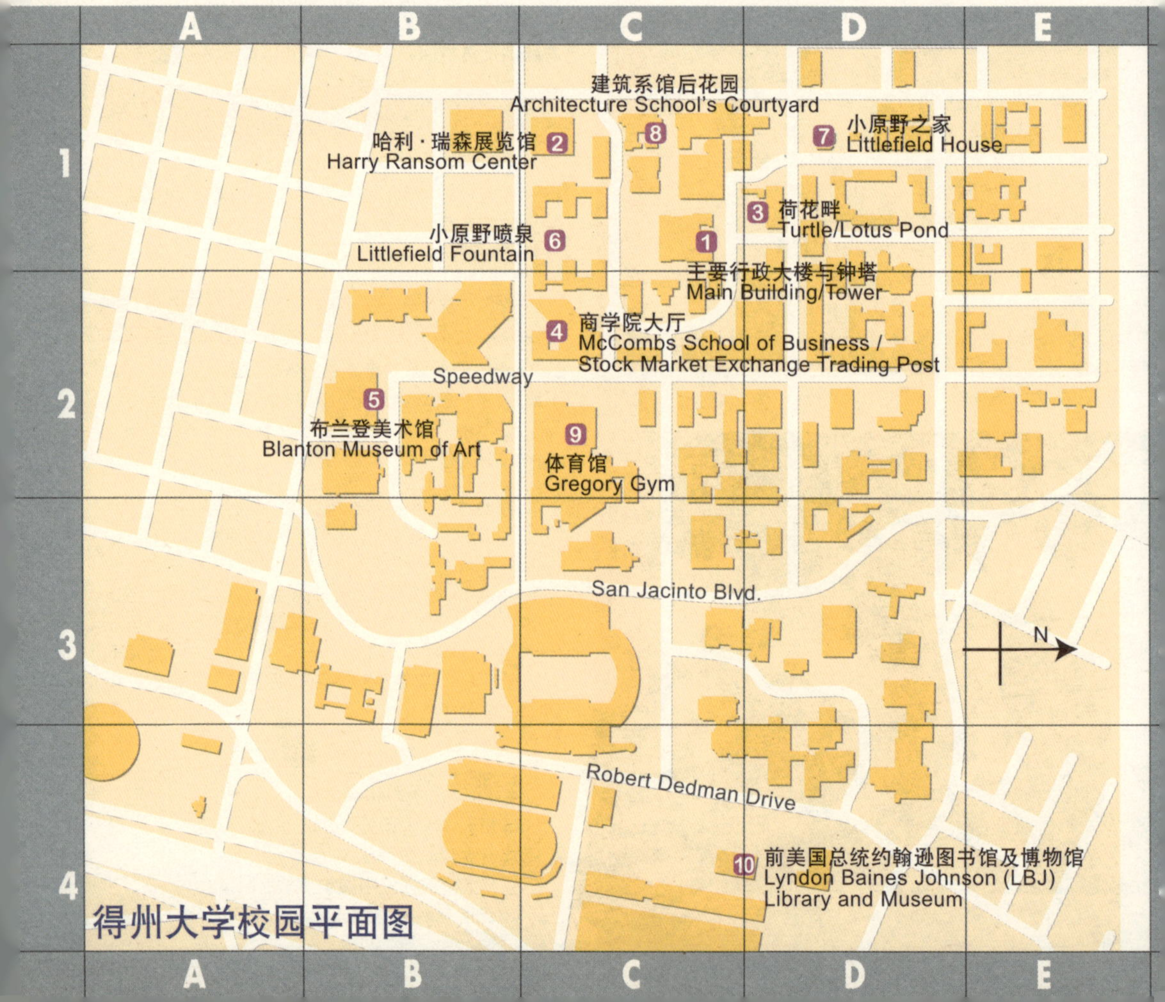

得州大学校园平面图

Top 1

主要行政大楼与钟塔 Main Building/Tower

MAP:C1

$ $5，在学生活动中心 (Texas Union) 的信息台购买门票
于每周六13:00～20:00开放观景台供访客参观，访客可以从钟塔俯瞰校园以及奥斯汀市区

美国大学文化中，钟塔绝对是各大校园的重要地标之一，得大也不例外。得大的钟塔建于1937年，共28层，高达93米，是奥斯汀市区一座相当引人注目的地标性建筑。钟塔的观景台也开放供游客参观，访客可以从钟塔俯瞰校园以及奥斯汀市区。

钟塔的顶端由56座钟琴组成，每15分钟敲一次，每天固定时间敲出悦耳的钟声。

除了悦耳的钟声外，得大的钟塔会依照不同的时刻、场合点亮不同颜色的灯。钟塔点灯基本上有3种情形，分别为学术成就、运动体育成就以及悼念。若有任何学术上的成就，钟塔的塔身会呈现出橘色，而塔端则会是白色；体育成就与学术成就刚好相反，塔端橘色而塔身白色；如果在全美或世界性的体育比赛中夺冠，钟塔则会完全呈现橘色。另外，在悼念的场合钟塔将不会亮出任何灯色。学生们只要在晚上观察钟塔的颜色，便可知道近来学校是否在任何体育或学术场合获得荣誉。

Top 2

哈利・瑞森展览馆 Harry Ransom Center

MAP:C1

$ 一般访客不需要门票即可入内参观
周四10:00～19:00，周二、三、五10:00～17:00，周六、日12:00～17:00，周一休馆

校园内有几所美国著名的大型展览馆以及美术馆，哈利・瑞森展览馆便是其中一所近年完成的人文艺术展览馆。站在这栋建筑物的外面观看时，你可以看到玻璃窗上有各式各样不同文字的图片彩绘，这是一栋相当具有现代设计感的建筑物。该馆展览物品包含3600万件文学原稿、100万册珍贵罕见书籍、500万张图片以及超过10万件美术作品，此馆绝对是所有人文艺术学者的朝拜圣地。除了见证历史文物外，这里也可作为学者、专家开展研究工作的重要地点。

beautiful view

Top 3

荷花畔
Turtle / Lotus Pond

MAP:D1

荷花畔位于主要行政大楼与钟塔(Main Building/Tower)前。人们在这里除了可以看到遍布的荷花叶，更可以看到大大小小的乌龟们懒洋洋地趴在石头上享受太阳浴的有趣情景。荷花畔建于1939年，规模虽小，却是得州大学内的特色景观之一。由于池畔鸟语花香，荷花畔俨然成为学生们的最佳写生、读书及聚会地点。

其实，荷花畔除清幽环境与怡人景色之外，还有一段庄严的历史。据了解，校园钟塔曾发生过一起枪杀案，1966年夏天之后，这里正式成为得州大学的纪念花园，纪念当时的14名遇难者。校园钟塔枪杀案虽早已成为历史，但却在得州大学的历史上写下一笔悲痛的回忆，若有机会拜访荷花畔的时候，别忘了向那14名遇难者献上一份哀思。

Top 4

商学院大厅
McCombs School of Business / Stock Market Exchange Trading Post

MAP:C2 $ 一般访客不需要门票即可入内参观

成立于1922年的商学院是得州大学的重点学院之一，商业企管(MBA / Executive MBA)、会计、信息管理以及营销都有相当权威的课程与师资，更不可错过的是商学院入口大厅的古董展览。当你进入商学院的大厅，你一定会被眼前的古董所震惊，因为在你眼前呈现的是纽约证券交易所内的柜台买卖中心第五号。

为什么柜台买卖中心第五号柜台会出现在得州大学的商学院呢？1982年，为了商学院成立百年纪念日，当时的商学院院长提出将纽约证券交易所内的柜台买卖中心迁移至得州大学，而在行政处成功募款37 000美元后，拥有52年历史的纽约证券交易所柜台买卖中心第五号便正式南移到得州，进而成为了商学院的重要标志以及古董之一。

Top 5

布兰登美术馆
Blanton Museum of Art MAP:B2

持得州大学学生证可免费参观。一般访客门票为$7，65岁以上的高龄长者$5，13～21岁的青少年$3，12岁以下儿童免费
周二～周五10:00～17:00，周六11:00～17:00，周日13:00～17:00，周一休

布兰登美术馆旧址位于得州大学内的艺术学院，不过近年来得到Houston Endowment基金会过亿美元的资金赞助，于是得以迁至新馆。新馆于2006年4月在校园另一隅落成，占地14 000平方米，并且拥有17 000件以上的美术作品，著名收藏包含欧美以及拉丁美洲艺术画作。

除了基本画展外，布兰登美术馆还不定期展览世界各地的美术作品，展览包罗万象，包括几何图形作品、家居空间设计、素描、现代画作、纸雕作品，等等。除了精彩的展览，布兰登美术馆更有对外公开的导览，以帮助得州大学以外的访客，诸如小学生至高中生及社会人士，使参观者更了解生活中的艺术、艺术中的生活。

另外，布兰登美术馆内的B区还于每周五晚上安排不同的艺术表演以及艺术工坊，热爱艺术的你当然不可错过这样的盛会。布兰登美术馆绝对是一个多元化的美术馆，每周四免费对外开放，如果你有机会造访得州大学，不妨安排一个悠闲的下午，来趟知性的美术馆之旅。

Top 6

小原野喷泉
Littlefield Fountain MAP:C1

小原野喷泉位于钟塔以及行政大楼的正前方，为得州大学另一个重要标志。建于1933年的小原野喷泉是乔治上校为了纪念在第一次世界大战中为国家献出生命的97位战士，由意大利雕刻家Pompeo Coppini所设计的喷泉，喷泉池中有象征自由的女神、战争中的军人还有3匹奔驰的马。

同时，Pompeo Coppini巧妙的心思也体现在喷泉地理位置的选择上。小原野喷泉与得州州政府以及得州大学钟塔在无形中形成一条直线，如果从得州大学主要行政大楼及钟塔的方向看出去，便可以俯瞰美丽的喷泉还有得州州政府中心。另外，喷水池内有得州大学历经数年研发出的稀有品种睡莲漂浮叶，名为维多利亚睡莲(Victoria Seerosen)，据说可支撑75～100磅的重量。

Top 7 小原野之家
Littlefield House

MAP:D1 不对外开放

得州大学内最古色古香的建筑物，非小原野之家莫属。这栋位于24街、建于1893年的房舍除了承袭维多利亚时期的风格外，更是前文中提到的乔治上校与夫人爱丽丝的故居。有人说林木间的房子有种爱丽丝梦游仙境的味道，如童话梦幻般美好，但也有人觉得这栋房子在晚上有种阴森的感觉，再加上传说偶尔会传出爱丽丝鬼魂的哀叫声，令人不寒而栗。

针对这栋屋子也确实有过各种各样的传言。有人指出，美国南北战争结束后，乔治上校出远门时都会把夫人爱丽丝锁在阁楼上，防止北军士兵掠夺爱丽丝；不过也有人说，爱丽丝其实是个患有精神病并且歇斯底里的病人。不管如何，这些传言早已不可考，唯一不变的事实是，1935年爱丽丝逝世时，她把这栋房子留给了得州大学，并在1970年正式注册成为国家文物古迹之一。不过，想要进入一探究竟的朋友们可能要失望了，因为小原野之家目前是得州大学的办事处之一，所以并不对外开放。

Top 8 建筑系馆后花园
Architecture School's Courtyard

MAP:C1 由建筑学院管理员的心情来决定开放与否

建筑学院(Goldsmith Hall)后花园虽不像校园其他景点那么突出，但春天时这里百花齐放，颇有种世外桃源的感觉！有趣的是，这个后花园完全是看建筑学院的管理员的心情来决定开放与否，实在有个性得很，而这样的模式也让造访此处的行程增添了一点未知数。

除了树上的花朵外，建筑系馆的外墙爬满了藤蔓。初夏的时候，后花园绿意盎然，非常适合在悠闲的午后拿本书坐在长椅上，静静地享受温暖的初夏阳光。后花园的美景让建筑系举办活动与宴会时更有得天独厚的优势。如果你有机会在春天造访得州大学，不妨前去碰碰运气，说不定这美丽的世外桃源会为你而开放。

Top 9 体育馆
Gregory Gym MAP:C2

持学生证可免费使用，一般访客须在前台购买门票
周一～周五06:00～22:00，周六08:00～22:00，周日10:00～22:00

得州大学的体育馆建于1930年，46年来该体育馆一直是得州大学篮球及游泳校队的比赛场地。建成32年后，体育馆于1962年正式进行了第一次的整修，扩充了该馆的场地，并在篮球场内增加了电子计时器。整修后，体育馆第一次正式开放让女学生人场观赛。除此之外，体育馆内的设施十分齐全，拥有攀登石、室内健走、Spa、桑拿蒸汽室、露天泳池，还有室内花园等，不管是建筑风格还是馆内设施，得州大学的体育馆都相当时尚，丝毫不逊色于任何知名运动俱乐部。

由于体育馆有着极高的便利性，几乎任何时候都可以在跑步机前看到学生或教职人员努力挥汗健身；校外访客若想使用体育馆的设施，需在服务柜台购买门票。

Top 10 前美国总统约翰逊图书馆及博物馆
Lyndon Baines Johnson (LBJ) Library and Museum MAP:D4

一般访客不需要门票即可入内参观。
09:00～17:00，圣诞节公休。

位于得州大学西边的前美国总统约翰逊图书馆以及博物馆，占地14英亩，为全美11家总统图书馆之一。第36任美国总统林登·贝恩斯·约翰逊在后来成为第37任美国总统的尼克松陪同下，于1971年5月22日亲临该馆进行剪彩，而前美国总统约翰逊的夫人Lady Bird Johnson，更是得州大学的杰出校友之一，博物馆内有第一夫人的生平展览。该图书馆拥有超过40亿份的历史档案可供学者研究，并且还不定期展览有关美国的历史资料。约翰逊图书馆及博物馆最大的特色之一，便是最顶楼的特别展示——美国白宫的总统办公室，这个椭圆形办公室是依据白宫内的实物做成的缩小模型，相当有参观价值。

得州大学周边吃喝玩乐

美食餐厅

市区的Guadalupe St.上，有许多餐饮店，无论中式、泰式、日式、越南……各国料理都可以在这里找到，十分便利。

1 Coco's Cafe 中式料理店

✉ 1910 Guadalupe St., Austin
$ $8～$55

位于Guadalupe上，是学校附近中式料理元老店之一，有珍珠奶茶、葱油饼，还有肉圆等。

2 Veggie Heaven 素食餐厅

✉ 1914 Guadalupe St., Austin
$ 主食菜肴约$7～$10

位于Guadalupe上，在Coco's Café的隔壁，是学校附近唯一的一家素食餐厅。

3 Pho 越南料理

✉ 1908 Guadalupe St., Austin
$ $10～$55

位于Guadalupe上，该店特色是越南河粉料理。

4 Tapioca House 珍珠奶茶店

✉ 1906 Guadalupe St., Austin
$ $7～$55

近一两年新开的珍珠奶茶店，位于Pho的隔壁，不管是在餐点上还是饮料上，价格都比同性质的Coco's Café便宜，因此深受学子们的欢迎。

学生餐厅

游客若在校园里面逛累了，以下几家学生宿舍的餐厅，可以让你歇歇脚、补充补充能量：

Jester City Limit

位于Jester West宿舍一楼(体育馆旁)，是家点餐式的餐厅，有各式各样的美式食品，如比萨、饮料、烧烤、三明治，等等。

Kin's Market

位于女生宿舍的Kin's Market，像是个小型的7-11，里面有卖不少饮料，当然还有零食、热食、沙拉、面包、冰品以及日常用品，等等。

Cypress Band

位于San Jacinto楼下的Cypress Band，也是一个小型的杂货店，虽然占地比Kin's Market小了些，不过里面附设的三明治及焗烤餐饮也是不错的简餐选择。

Texas Union

得大学生的休闲、聚会场所，位于一楼的美食街有许多知名的速食餐厅，如：Wendy's、Chick-fil-A、Subway、小型寿司吧，还有许多其他餐点店面。

Littlefield Patio Cafe

位于Littlefield宿舍楼下，销售西式简单快餐，还有户外露天桌椅供客人用餐。

5 G. Chipotle 墨西哥餐厅

✉ 2230 Guadalupe St., Austin
$ 约$8～$55

位于学校书店Co-op的隔壁，同时也在Guadalupe上，这是美国一家知名的墨西哥式连锁餐厅，主要销售墨式塔可饼，亲和的价格相当受学生的青睐。

6 Pluckers 鸡翅专卖店

✉ 2230 Guadalupe St., Austin
$ $10～$20

拥有超高人气的鸡翅专卖店，位于Rio Grand上，有不同口味的鸡翅可供选择。喜欢吃辣的朋友不妨挑战这家店的Fire in the Hole，挑战成功后，店家还会把你的拍立得照片贴在布告栏噢！

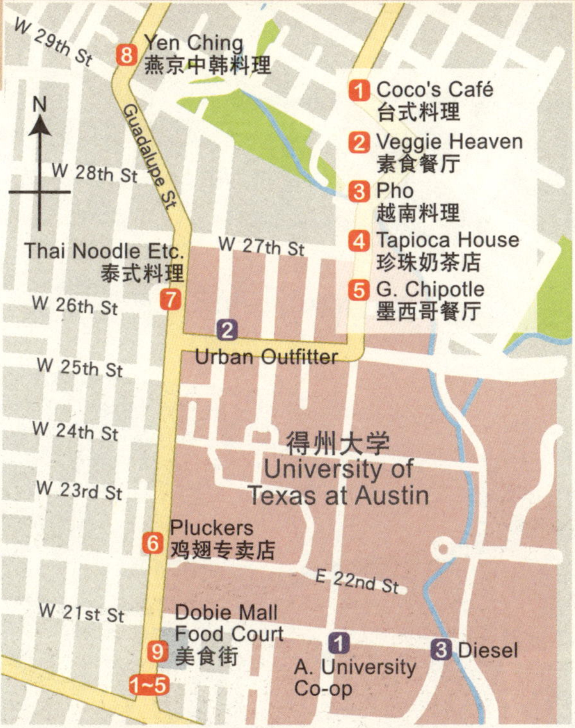

近几年刚翻新的Co-op总店。

要买打折的得大T恤，到Co-op Outlet准没错！

7 Thai Noodle Etc. 泰式料理

✉ 2602 Guadalupe St., Austin
$ 主食菜肴$7～$10

这家泰式料理位于Guadalupe与26th街附近，在7-11的斜后方。这家餐厅虽不大，但是外观颇有味道，非常适合小型聚会。另外，这家的泰式奶茶也是不能错过的。

8 燕京 Yen Ching 中韩料理

✉ 2910 Guadalupe St., Austin
$ 主食菜肴$7～$10

位于更后面一点的Guadalupe后段，是一家复合式的中韩料理餐厅，牛肉面、煎饺的口感还不错。

9 Dobie Mall Food Court 美食街

✉ 2025 Guadalupe St., Austin
$ 主食菜肴$10～$55

位于Guadalupe与21st街口，2楼的美食街有各式各样的餐厅。除了有美国知名快餐连锁店，更有其他中式、希腊、印度、韩式及美式等餐饮可供选择。

购物推荐

1 A. University Co-op

✉ 2246 Guadalupe St., Austin

位于Guadalupe上，地下1层销售学习用品还有教科书，1层则有许多得州大学的特色衣物，2层有女装部以及倩碧化妆品专柜。隔壁几家还有Co-op Outlet，专卖折扣衣物。

2 Urban Outfitter

✉ 2406 Guadalupe St., Austin

位于Guadalupe上、Co-op旁，除销售流行衣服外，还有男女饰品、裤子、鞋子。

3 Diesel

✉ 2120 Guadalupe St., Austin

同样位于Guadalupe上，牛仔裤是该店的特色。

芝加哥市

伊利诺伊理工大学

Illinois Institute of Technology, 简称IIT

城市：芝加哥市(Chicago)
州：伊利诺伊州(Illinois State)
代表色：红色和灰色

美国建筑师协会会员 (AIA)，
美国伊利诺伊州注册建筑师，
现于芝加哥的建筑师事务所担任项目建筑师。

作者 郭俊宏

院系：台湾中原大学土木系毕业，
伊利诺伊理工大学建筑硕士 (2002)。

Illinois Institute of Technology
Chicago, Illinois, United States of America (USA)

IIT

芝加哥市 & 伊利诺伊理工大学

伊利诺伊理工大学(Illinois Institute of Technology)位于芝加哥市内，距离市中心区(俗称Loop)不到5公里，西边紧临贯穿美国东西岸重要的I-90/94州际公路，东边离广大芝加哥市民所喜爱的密歇根湖仅数分钟的车程，从校园向北望去，壮丽的芝加哥天际线就在眼前。有别于传统美国大学的大型校园大学城形态，仅110英亩大的主校区则像是芝加哥市里闪亮的一块宝石！

学校简介

伊利诺伊理工大学成立于1893年，当初名称为Armour Institute。在那个年代，高等教育是社会贵族独享的权利，在芝加哥南区的弗兰克·冈索勒斯（Frank Gunsaulus）牧师决定发起100万美元筹资成立一所让任何社会背景的学生都能就读的大学，这立即获得当地商人菲利普·阿穆尔（Philip Armour）的大力支持，于是Armour Institute就此成立，而冈索勒斯也就成为第一任校长。

学校成立后不断成长，于1940年合并Lewis Institute后正式更名为Illinois Institute of Technology而成为一所完整的理工学院。长久以来，IIT一直以它的校园规划及建筑物闻名于世，在现代建筑史占据重要的一页。虽说如此，IIT过去却也曾有过“全美最丑校园”的封号，因校园内大多建筑物均是方正造型，彼此之间有关系的排列。建筑师说这是井然有序的排列，但学生们却说这校园像工厂，呆板、单调又无趣。不过如果仔细去走一趟，你会发现简单的校园却有不平凡的细节。

同一时期IIT聘请了当时的德国现代建筑大师密斯·凡·德罗(Mies Van Der Rohe)为建筑系主任，并委派给他规划设计IIT新校园及校舍的任务，目前我们所看到的大部分校舍就是当初密斯心血的结晶。根据他的设计，各学院建筑物内部以模具的概念用一个固定的比例分割成各个室内空间，不同的建筑物之间又以一个固定比例的距离彼此排列。这样，不但内部空间进行了理性安排，外在视觉上的协调更使校园建筑具备了一致性。而他所设计的几栋建筑物如Crown Hall、Alumni Hall等更已成为不朽的杰作。

学校声望&杰出校友

立陶宛前总统 瓦尔达斯·阿达姆库斯（Valdas Adamkus）

世界著名建筑师 Helmut Jahn

前摩托罗拉研发部主任也是全世界第一部移动电话的发明者 Dr. Martin Cooper

IIT以理工专业为基础建校，理所当然成就了许多杰出工业人才。Dr. Martin Cooper是本校最杰出校友之一，于20世纪50年代在IIT获得了电机学士和硕士学位的他正是移动电话之发明者。移动电话在Dr. Cooper于20世纪70年代发明问世后，无线科技的发展蓬勃兴起，到目前移动电话的功能日新月异，已成为现代人身上不可缺少的科技产品。

除工学院以外，拥有独特历史传统的工业设计和建筑系，更是设计界人才的成长摇篮。Helmut Jahn正是芝加哥最顶尖的世界级建筑师，Helmut Jahn等不及毕业就进入当时著名的C. F. Murphy Associates建筑师事务所工作，从一个小小绘图助理成为现在公司的总裁，而这家公司也改名为Murphy/Jahn，以彰显他对公司及建筑界的贡献。

其实IIT最大的资源就是整个芝加哥大都会的各大企业所提供的实习机会(Internship)，这珍贵的实习经验绝对是刚毕业的社会新鲜人要与他校学生竞争找第一份工作时的最大优势。

此后学校规模持续扩大，1949年合并了著名的包豪斯设计学院(Bauhaus Institute of De-sign)成为顶尖的工业设计学院，1969年又合并入了芝加哥肯特法学院(Chicago-Kent School of Law)和斯图尔特商学院(Stuart School of Business)，使当年以理工科为强项的IIT提升为更具竞争性的大学。绝佳的学习环境加之占尽地利之便，使IIT的教育一直与芝加哥的企业紧密结合。

如何到达伊利诺伊理工大学

O'Hare和Midway是芝加哥两大机场，二者均有捷运抵达市中心Loop区，Loop即因高架捷运在此环绕一圈而得其名。IIT主校区位于市区南方，南北贯穿校园的State St.直通芝加哥市中心。湖滨大道(Lakeshore Drive)与西侧的高速公路是芝加哥的两大快速道路系统，担负着南北向的交通重任。

CTA (Chicago Transit authority)是芝加哥的大众运输系统，包含捷运和公车，路线遍布整个市区并延伸至奥克帕克（Oak Park）、埃文斯（Evanston）、斯科基（Skokie）等附近郊区市镇。

1 开车

I－90/94 高速公路的31街和35街两个出口都可衔接到校园。

2 捷运

市区捷运CTA绿线及红线均有车站直抵IIT。绿线在35th-Bronzeville-IIT站下车，红线在Sox-35th站下车。

有用的相关网站

伊利诺伊理工大学官方网站：www.iit.edu

伊利诺伊理工大学中国学生学者联谊会：www.cssa-iit.org

大众运输：www.transitchicago.com

伊利诺伊理工大学 Illinois Institute of Technology

伊利诺伊理工大学10大美景

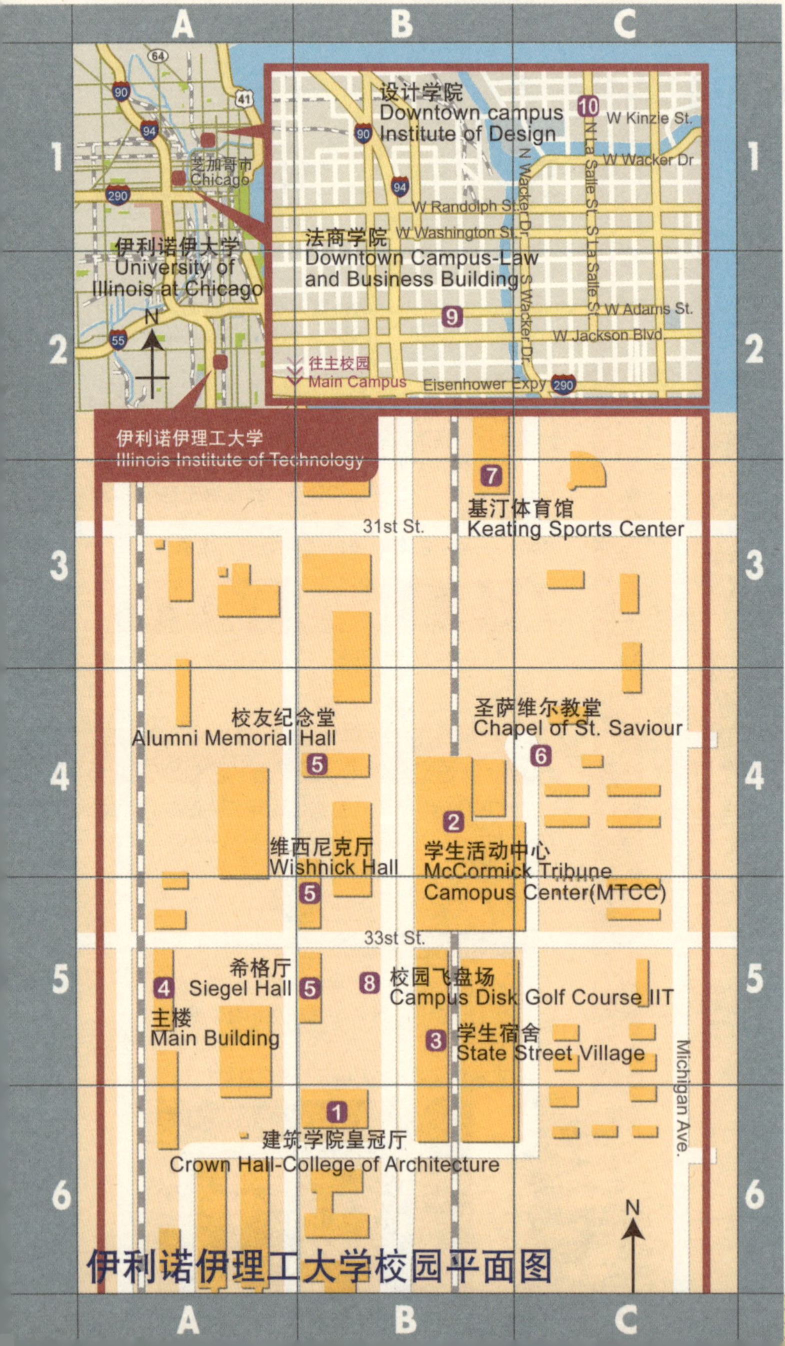

伊利诺伊理工大学校园平面图

1. 建筑学院皇冠厅 Crown Hall–College of Architecture
2. 学生活动中心 McCormick Tribune Campus Center (MTCC)
3. 学生宿舍 State Street Village
4. 主楼 Main Building
5. 校友纪念堂 Alumni Memorial Hall
   希格厅 Siegel Hall
   维西尼克厅 Wishnick Hall
6. 圣萨维尔教堂 Chapel of St. Saviour
7. 基汀体育馆 Keating Sports Center
8. 校园飞盘场 Campus Disk Golf Course IIT
9. 法商学院 Downtown Campus–Law and Business Building
10. 设计学院 Downtown Campus Institute of Design

Top 1

建筑学院皇冠厅
Crown Hall – College of Architecture MAP:B6

$ 向一般游客免费开放

⏲ 周一～周五晚6点以前访客可自由进入；平日6点过后及周六、日全天入口有学生刷卡管制，管制时间内，说明来意可请在里面的学生代为开门，建筑系馆24小时永远有学生在里面工作，不要错过进入内部参观的机会

如果只能选出一栋芝加哥现代建筑作为代表，那绝对是这栋建筑学院皇冠厅！它不仅是IIT校园里最重要的建筑物，更是20世纪最重要的建筑物之一。在2001年更被指定为国家级历史古迹(National Historic Landmark Status)，对一栋1956年才完工的建筑物而言，年代并不算久远，而这样的头衔正代表它的重要性非同寻常。

外观上，它是一个由钢骨支架所架建起来的一个简单玻璃盒子，大面积玻璃与笔直的黑色钢骨以完美的比例组合。这栋建筑物长67米、宽36.6米，垂直的结构钢骨以3米的距离有节奏地排列，环绕在整个建筑体外围，就如同不朽的希腊雅典帕特农神庙一样，不管你在什么角度欣赏，它永远是那么的动人、和谐。

Top 2

学生活动中心
McCormick Tribune Campus Center (MTCC) MAP:B4

$ 向一般游客免费开放

⏲ 校方提供免费专人导游介绍MTCC学生活动中心与State Street学生宿舍，每周二至周五11:30于MTCC学生活动中心的Welcome Center集合，建议事先于网站报名：masterplan.iit.edu/tour.php，或电话咨询(312)567-3077

相对于IIT其他校园内的方方正正建筑物，这栋有着奇特造型和鲜艳橘黄色彩的新学生活动中心，自2003年启用以来吸引了绝大多数参观者的注意力，也立即成为IIT校园的新地标。

由于地处捷运绿线高架轨道正下方，垂直与水平方向均被切割成不完整空间，这样的先天困难条件也激发了建筑师的许多奇特的设计灵感。首先映入眼帘的是架在屋顶上的大管子，当您搭乘捷运绿线列车接近IIT站之前就是从里面穿过，这管子不但成为建筑物的最大特色，也兼具了噪声控制的重要功能，管子的切面曲线有效地将列车通行时的噪声向上排出，降低对室内与车厢的影响。

由2000年建筑普利策奖得主荷兰籍建筑师雷姆·库哈斯（Rem Koolhaas）所设计的这栋活动中心，位于33th Street和State Street交叉的角落上，这里也是校园的中心点，里面包含了演讲厅、商店、餐厅、书店及娱乐中心，提供学生饮食休憩聚会之所需。活动中心不仅外形奇特有趣，内部空间更是精彩，放射状的走道延伸至不同空间，建筑物的东北角巧妙地与原有的老建筑物Common Hall连接在一起，新旧并存，室内光影也因此而相互交错，列车声时而由远及近响过头顶，这样的视觉与听觉的综合刺激是您一定要体验的。

Top 3

学生宿舍
State Street Village MAP:B5

坐落于33th St.南边与MTCC仅一街之隔的学生宿舍，则是另一位建筑大师海莫特·扬（Helmut Jahn）闪亮的表演舞台。

学生宿舍是由3栋相同的建筑物组成的，以中庭将彼此错开，所以即使体积庞大，视觉上却不压迫。这栋闪闪发光的金属建筑物宿舍拥有367个床位，是IIT校园中最新、设备最好，也是最贵的校园宿舍。

这栋学生宿舍紧贴着绿线高架铁轨，捷运列车就在建筑物后方行驶而过，如有机会上第3层的大厅，大片落地窗正好面对高架轨道，那种与列车在上空交会的感觉真是奇妙！

Top 4

主楼
Main Building MAP:A5 $ 向一般游客免费开放

整个IIT校园受密斯·凡·德罗的影响，原有校园建筑被彻底改造，放眼望去几乎都是现代主义的建筑物，但这栋典雅的仿罗马式主楼却是从Armour Institute of Technology时代就一直被保留下来的，加上大楼前方由校方大力维护的玫瑰花园，成为校园内最温柔的角落。

Main Building是IIT的学务与行政大楼，有关学生注册、选课、收费等事务的办公室都在这栋百年的建筑物中。1891年启用至今的主楼有着一层半高的厚实大石底座，建筑物主体搭配鲜红砖墙，这是百年前芝加哥最盛行的建筑形态，有机会进入主楼别忘了搭乘大楼里的老电梯，体验一下百年前电梯速度比走楼梯还要慢的感觉。

举目所见的建筑都是现代风格，主楼显得独特而优雅。

以厚实石块为底座搭配精致雕刻，是百年前芝加哥的主流建筑风格。

Top 5 校友纪念堂·希格厅·维西尼克厅 MAP:B4-B5
Alumni Memorial Hall · Siegel Hall · Wishnick Hall

$ 开放给一般游客免费入内参观，但是外面比里面有看头

这3栋著名的典型IIT建筑，拥有相同的建筑手法，尤其是房子四周的特殊钢骨转角，更是常出现在建筑史书中。这看似简单的方块格子建筑，设计过程却有着有趣的故事，诉说着建筑师所坚持的设计概念。

这几栋建筑物是密斯·凡·德罗于1940年初设计的，当时的他最擅长以钢骨、玻璃及砖块这3种材料来作为建筑物的外部建材。密斯期望将支撑大楼结构的钢骨柱外露来忠实表现结构材料，让人一眼就了解大楼是由钢骨架起，表达出建筑材料就是建筑功能的设计概念。可是这个新颖的理念却不被芝加哥这地方所接受，原因是芝加哥经历了1871年几乎烧遍全城的大火之后，修订了许多过时法规而对建筑物的防火措施有着很高的要求，其中一项就是对于两层楼以上的建筑物使用钢骨柱必须要以防火材料包覆钢骨，以免钢骨经过大火燃烧后失去强度，使大楼在一瞬间崩塌而造成更大的伤亡。

密斯所期待的设计显然与法规冲突，为了解决问题，他使用具有防火效能的混凝土包覆在钢骨柱外，然后再用钢外皮将混凝土再包覆起来，所以从外观上看柱又回到了他要的钢骨外观。这样的做法好像很不老实，因为从外观所看到的钢骨柱其实是装饰品，真正的结构体是包在钢骨外皮里面的混凝土的里面。所以密斯在此做了个别出心裁的设计，刻意让装饰用的外皮钢骨柱子站在屋子底部的砖块上，不让它延伸到地面。这样看似不稳定的结构组合其实是要强调外部钢骨材料所扮演的装饰性角色而非结构上的功能。

有机会走过这3栋建筑物时，别忘了观察柱子底部的特色，更别忘了欣赏特别有趣的转角！

裸露在外的钢骨结构，其实是装饰而不具备结构上的功能。

Top 6 圣萨维尔教堂 MAP:C4
Chapel of St. Saviour

$ 开放给一般游客免费入内参观，但是外面比里面有看头

极致简洁的小小教堂，提供给想沉淀心灵的师生们一个单纯的空间。

IIT的校园规划上很简洁，南北向的State St.将校园一分为二，所有的系馆教室实验室都在街的西侧；而在街的东边，则是学生生活区，宿舍、餐厅、活动中心、体育馆及书店均坐落于此侧。

在东侧的学生生活区中，有一座小小教堂，这个超越教派的静思空间为师生提供了一个敬拜的场所。这也是密斯设计过的唯一一栋教堂，外观与内部设计均简洁到极限，简单的方块建筑仅有朝东的一面开窗，与校园内几栋系馆使用相同的钢骨玻璃砖块等建筑材料。密斯在这里再次验证了相同的建材通过不同的空间安排，同样能创造不同的空间使用方式及心灵感受。

Top 7 基汀体育馆 Keating Sports Center

MAP:B3

不开放给一般游客入内参观，仅供IIT学生使用，需学生证才可进入

宛若巨大玻璃屋的体育馆，晚上透视屋内活动场景也是有趣的体验。

在校园东侧31街北侧的这栋玻璃帷幕体育馆，白天看起来是个黑色大玻璃盒子，到了夜晚，当里面的灯亮起时，内部结构体的大型钢骨架则因光影而浮现，形成有趣的景象。

这栋体育馆内部分上下两层，上层为球场，下层为健身房与游泳池等设施，让学生在漫长的寒冬有个温暖的场所施展身手。

Top 8 校园飞盘场 Campus Disk Golf Course IIT

MAP:B5

飞盘场可免费使用，但游客需自备飞盘

读书读累了，来这片绿茵场上丢丢飞盘舒缓身心压力吧！

许多大型的美国大学本身都有高尔夫球场，但因场地关系，通常离学生上课的地方较远。IIT校园虽小，却也有个9洞高尔夫球场，而且果岭就在校园建筑物之间的草皮上，不过学生们不是打传统的小白球，而是投掷改良后的飞盘，这就是IIT校园新完工的校园飞盘高尔夫球场。

这个运动很简单却很有趣，就像打高尔夫球一样，从发球区将飞盘投进洞，第一洞位于State St.和35th St.西南方的草皮，由此出发到位于Alumni Memorial Hall北边草皮的第九洞结束，从最短距离51米到最长的136米，每洞有不同的困难度等你去挑战。跟高尔夫不同的是，这需要使用不同功能的飞盘来做特定要求的投掷，比如发球、过弯、入袋……

这个设施一完成就吸引许多学生使用，当然也可以用传统飞盘沿着9洞玩，以另外一种方式欣赏这美丽的校园。

Top 9 城区部 法商学院 MAP:B2

Downtown Campus
Law and Business Building

$ 持学生证可免费使用，一般访客须在前台购买访客票
周一～周五06:00～22:00，周六08:00～22:00，周日10:00～22:00

新颖的法商大楼坐落于芝加哥市市区，学术与实务因地缘关系而更紧密地结合。

IIT的法商学院近年成长迅速，吸引许多学生就读，这栋法商学院大楼于1992年竣工投入使用。在市中心成立法商学院近年来已成为一股潮流，包括IIT在内芝加哥地区的几所大学如西北大学、芝加哥大学、De Paul大学均不约而同地在市中心里成立法商学院，这样不但能与当地企业紧密联系，更大大方便了在职人士下班后的进修。

IIT的城区部（Downtown Campus）位于565 West Adams Street，紧临最大的火车站Union Station，离著名的Sears Tower更仅数街之隔。Kent法学院与Stuart商学院的学生均在此使用着IIT最新的教室与设施。

Top 10 城区部 设计学院

Downtown Campus
Institute of Design

MAP:C1

$ 一般访客不需要门票即可入内参观
09:00～17:00，圣诞节休

IIT里名气响亮的设计学院(Institute of Design)就位于市中心芝加哥河北边的这栋大楼里。这区域俗称河北区(River North)，这里集结了所有最高级的灯具、家具、厨具的旗舰店，说是芝加哥的设计家饰区也不为过。巨大的Merchandise Mart大楼是此区的中心，里面汇集了各类大大小小设计家具的展示中心，更是全球最大的室内设计建材展示场。

河北区不仅是设计区，它还是芝加哥著名的音乐美食区。著名的餐厅如Kinzie街上的Kinzie Chophouse已蝉联芝加哥最佳餐厅多年，隔壁的Shamrock Club提供廉价超美味的炭烤汉堡和牛排堡，配上一杯冰啤酒，真是享受啊！(详见p.44)

气派豪华的设计学院大楼汇集了芝加哥城各式各样的展示中心。

伊利诺伊理工大学周边吃喝玩乐

美食餐厅

对离唐人街仅数街之隔的IIT中国留学生来说，“吃”这件事从来不是问题！芝加哥的唐人街除了提供地道中国菜以外，更有不少南洋风味餐馆供你选择。而2005年世界大赛冠军的芝加哥白袜队球场就仅与校园隔着数步距离，一到比赛的时候还能感受到球场传来的激昂气息。芝加哥所提供的一切娱乐足以让IIT学生在求学之外还能享受丰富的休闲生活。

1 Chinese Kitchen 中式快餐店

West 31st St.和South Canal St. 小市场里

约$4～$6

此处消费便宜量又足，里面桌位不多，大部分的人都要外卖。他们的时菜牛肉河粉和扬州炒饭最为著名，炸鸡翅也相当美味！

2 Maxwell Street Polish Hotdog

位于Chinese Kitchen 正对面

约$3～$5

来芝加哥就一定要吃这里由Polish Sausage、煎过的甜洋葱和芥末酱所组成的地道热狗，另外猪排堡(Pork Chop Sandwich)更是不可错过的美食！

3 Kinzie Chophouse

400 North Wells St.

(312)822-0191

喜爱面食的人不要错过他们的Seafood Fettuccini Arrabiata；此店的牛排算是芝加哥顶级的，价位稍高但物超所值。

4 Shamrock Club

210 West Kinzie St.

本店的招牌菜Steak Sandwich，是以整块的火烤牛排夹在面包里，并附上带皮薯条；此外火烤的Cheese Burger也相当值得推荐。

玩在芝加哥

芝加哥基本上没有太明显的春天，冬天一走夏天便瞬间来到，这时整个芝加哥市顿时呈现无比的活力！市中心湖畔边Grant Park的活动及节庆排满了整个夏天，Blues、Jazz音乐充溢整个城市，8月中湖畔的Air and Water Show将整个夏季活动带到最高潮，海军码头（Navy Pier）周三和周末的烟火秀更是提醒芝加哥市民别浪费了夏日好时光。闻名全球的芝加哥交响乐团的精湛演出，职业棒球小熊队与白袜队的精彩赛事，早已成为芝加哥人不可或缺的生活了。而芝加哥美术馆的印象派风格画作馆藏量仅次于巴黎的罗浮宫。密歇根湖畔，由自然博物馆、水族馆和天文台所组成的Museum Campus在加入了新改建的足球场后，与南边的贸易中心连为一体。知性与感性兼容并蓄，称芝加哥为伟大城市绝不为过。

芝加哥河流经市区，52座活动开放铁桥横跨其上，川流不息的道路交通和络绎不绝的河上船艇将这个城市装扮得更有特色。波音飞机、绿箭口香糖、桂格燕麦等大企业均将总部大楼建在这个城市；著名的芝加哥期货中心(Chicago Board of Trade)更是掌控全美谷物交易的所在。

超高层大楼是本市的特色——别忘了芝加哥可是摩天大楼的发源地！1871年的一场大火烧掉了城市里的多数建筑，也因此让芝加哥浴火重生，并且给了建筑师与工程师们一个发挥的舞台。全美最高的Sears Tower和梯形的John Hancock Building是市区里最著名的两栋高楼，屋顶上的双天线塔也成为中西部高楼的独特象征。

由于地处中西部，一般中国游客较少深入芝加哥一游，但不少电影以此为拍摄背景，尤其在1993年由哈里森·福特和汤米·李·琼斯精彩演出的《亡命天涯》(*The Fugitive*)这部电影里，镜头贯串了整个芝加哥市区内的重要景点，许多人因此对芝加哥有了初步印象。

埃文斯顿镇

西北大学

Northwestern University

城市：埃文斯顿镇(Evanston)
州：伊利诺伊州(Illinois State)
吉祥物：野猫 Wildcat
代表色：紫色

在西北大学最难忘的是冷飕飕的冬天，

铲起雪来更是费劲，

每年的冬天，西北大学的学生们都巴望着春天的到来，

等天气好点儿，就毫不犹豫地冲出去玩个够！

作者 曾院介

院系：材料科学工程系博士班(2009),

Northwestern University
Evanston, Illinois, United States of America (USA)

Evanston & Northwestern University

埃文斯顿镇 & 西北大学

坐落在伊利诺伊州芝加哥附近的西北大学共有两个主校区，法学院和医学院在芝加哥市区内，而其主校区则在芝加哥北边的埃文斯顿（Evanston）小镇，傍着密歇根湖(Lake of Michigan)，风景宜人，算是大芝加哥相对收入较高的区域。西北大学校园并不算大，在美国算是“小而美”型的大学，长达数英里的湖岸区是西北大学最引人入胜之处，从校园可以一亲密歇根湖的芳泽，更可以清楚地遥望芝加哥市。

学校简介

西北大学建于1851年，由一位物理学家、两位商人、三位检察官及三位牧师在沿密歇根湖畔25公顷大的农田上创办。西北大学之所以被命名为西北大学，意在希望能为美国建国之初尚未正式规划州界的“西北区领土”(Northwester Territory)的居民提供一所大学。如今西北大学学术地位不断攀升，成为美国颇有声誉的私立名校，至今已拥有11个学院，包括最知名的凯洛格商学院(Kellogg School of Management)、梅迪尔新闻学院(Medill School of Journalism)、传播学院(School of Communication)、麦考密克工程学院(McCormick School of Engineering and Applied Science)、教育学院(School of Education)、音乐学院(School of Music)，等等。自1910年研究院成立后，西北大学依照德国大学的模式，结合大学部及研究所，强调教学与研究并重。

气候方面，芝加哥四季分明，而雪季长达3个月(12月至次年2月)。西北的春天一般来说气温相当低，仍需要相当保暖的衣物才能出门，但西北校园内的花草却已经开始展露生机，到4、5月时百花齐放；夏天是芝加哥地区公认最受欢迎的季节，居民除了善于利用密歇根湖忙做日光浴、戏水、玩风帆外，每年的“Air & Water Show”都有特派飞机在芝加哥市上空表演特技；秋天则是诗意盎然；至于冬天，被喻为“Windy City”的芝城，则是相当寒冷。

学校声望&杰出校友

美国电视畅销剧集《老友记》(*Friends*)里罗斯的饰演者 大卫·修蒙（David Schwimmer）

名模 辛迪·克劳馥 （Cindy Crawford）

丰田汽车北美地区业务总裁 稻叶良晛（Yoshi Inaba）

1976年诺贝尔文学奖得主 索尔·贝娄（Saul Bellow）

1998年诺贝尔化学奖得主 约翰·波普（John Pople）

西北大学最引以为傲的莫过于它的凯洛格商学院，曾于1988年至1994年连续6年蝉联美国最佳商学院头衔。凯洛格是商学领域“小组计划与评估”(Group Project and Evaluation)的先驱者，也是团队合作(Team Work)理念的倡导者，在营销领域(Marketing)更是执全美之牛耳。

梅迪尔是全美公认第一的新闻学院，评价与哥伦比亚大学新闻学院不相上下，共出过近20位普利策奖得主，其中的IMC (Integrated Market Communication) program是营销相关领域中排名第一的系所。

工程方面，西北大学在1955年前率先成立世界第一个材料科学与工程系(Materials Science & Engineering)，在接下来的半个世纪，西北大学材料科学工程系不断扮演先驱者的角色，引领全球材料科学工程领域的发展。

西北音乐学院成立于1895年，目前有教授125位，大学部约400人，研究所240人，学院还提供分别与工程、艺术、新闻结合的5年制双主修，整个学院每年举办约400场大大小小的演奏会，并与著名的芝加哥交响乐团(Chicago Symphony Orchestra)有着良好的交流互动。

西北教育学院(School of Education and Social Policy)在全美颇负盛名，提供科学(Learning Science)、教育学(Education)、社会学(Social Policy)等学位。西北教育学院特别注重研究人类如何学习及成长，以及其所带来的对家庭和人际关系的影响。

如何到达西北大学

降落在芝加哥O'hare国际机场之后，有3种方法可以抵达西北大学：

1 开车

出了机场接294号高速公路往北走，下Dempster交流道后一路往东，就可以抵达西北大学，车程35～40分钟。

2 CTA捷运

必须先坐蓝线到芝加哥市中心，再转往北的路线，通常是红线，再转紫线，即可通往西北，不过搭CTA是最不划算的选择，因为转车耗掉不少时间，通常要花上2个钟头，自己开车或搭出租车从机场到埃文斯顿则只要35～40分钟。

3 搭CTA的公车

可直达埃文斯顿，车程约1个小时，但班次很少，加上等车的时间并不会比搭CTA捷运快多少，不过省去转车麻烦，无车者也可考虑。

有用的相关网站

西北大学官方网站：www.northwestern.edu

西北大学中国学生学者联合会：www.nwucssa.org

西北大学7大美景

1. 拱门 The Arch
2. 大学楼 University Hall
3. 创意石 The Rock
4. 校园人工湖 Lake ・学生中心 Norris University Center
5. 桥 Bridge
6. 工程馆 Tech building
7. 百年纪念公园 Centennial Park

Top 1 拱门 The Arch

MAP:B2

虽然跟一般美国大学一样几乎没有围墙分隔校区和居民区，但一般西北大学的学生都认为Sheridan Rd.多少还是把西北大学的校园跟埃文斯顿的居民区分隔开了，而西北大学的注册商标——拱门，就坐落在Sheridan Rd.与Chicago Ave.交会的转角。拱门是西北大学学生每天必经之处，经过这个转角的车，永远都会被上下学的学生阻断交通，而学生社团若需要打广告，拱门永远是最佳的选择。而所有来参观西北大学的游客，也都不会忘记与这个西北大学的招牌建筑合影留念。

拱门的四季各具风情。

Top 2 大学楼 University Hall

MAP:B3 $ 向一般游客免费开放，可在学校上班时间自由进出

白雪与蓝天的衬托，让大学楼更显壮阔。

从拱门往校园里面走，迎面而来的第一栋哥特式建筑物即是大学楼。这栋西北大学最古老的建筑物算是西北大学最具代表性的地标，建成于1869年，正值南北战争刚结束的纷乱年代。因为是西北大学的第一栋建筑物，早年为了满足整个大学的需求，大学楼里的设置可谓包罗万象——化学实验室、教堂、图书馆、历史博物馆，还包括全校所有的课程教室。如今随着校内其他建筑的兴起，目前大学楼主要是配置给英语系、亚洲文化研究中心，以及提供多数教授的办公室。近140年的历史，大学楼在外观上比起1869年刚落成时的样子并没有太大改变，倒是内部的装潢设计随着时代变迁而变化不小。

Top 3 创意石
The Rock MAP:B3

就在大学楼的侧门旁，有一块巨石，专供西北大学的学生发挥彩绘想象力。这块石头是1902级校友的捐赠，这里之前原来是一个小喷泉的所在地。西北大学的学生都是利用晚上来“改造”这块石头，给隔天上课经过的同学以惊喜。

学生们很多充满奇想的创意都可在这块石头上看到。

Top 4 校园人工湖、学生中心
Lake, Norris University Center MAP:C4-B4

美丽宁静的人工湖，是学生沉淀心灵的好去处。

在西北校园中央有个小人工湖，在夏天时固定都有喷泉以及优哉游哉的野雁、绿鸭和海鸥成群觅食。湖畔有学生中心，里面提供银行服务、餐饮、书店、影视中心，出了中心往东走就会接上西北大学校园引以为傲的湖岸线，长约1公里，从湖岸可以眺望整个大芝加哥市以及一望无际的密歇根湖。在夏天，湖面上满是帆船、游艇，西北大学的学生常常带着书本趴在湖岸的草皮上边看书边晒日光浴，延着这条湖岸线还有一条自行车道，许多人都在这条自行车道滑旱冰、遛狗、慢跑等。

Top 5 桥
Bridge MAP:B3

在校园北侧，有一座小桥横跨人工湖，在桥上往南望去是整个西北的主校园，转身往北望则可一览芝加哥，视野相当广阔。埃文斯顿的民众最喜欢从北边沙滩旁的公园往南一路慢跑进入西北大学的校园，并沿着这座桥到人工湖的对岸。

校园邻近密歇根湖一景，总是少不了散步和运动的游客。

Top 6

工程馆
Tech Building

MAP:D3

即使天寒地冻，学生仍勤奋不懈地准时上课。

西北大学绝大部分的理工科系都在这个工程馆里面，除了少数的系所如材料系、生物系和一部分的化学系以外。工程馆里面设有许多的建筑分支(wings)，不同的系所就在不同的分支里面，而所有理工科系的课程全都在这个馆里开设，所以通常工程馆的教室里学生都相当密集，特别是到期中期末的考试周，从早到晚都会看到整个工程馆内都是学生围绕，他们甚至席地坐在教室外面等着下堂的考试。工程馆和邻近几栋别的系所的建筑物或实验大楼都有通道连接着，包括材料系、生物系共用的Cook Hall，以化学系为主的Nano Institute等，冬季里学生就不必冒着纷飞的大雪穿梭在各系馆之间。

Top 7

百年纪念公园
Centennial Park

西北大学校区在北边正好和一座公园连接，这个公园虽是埃文斯顿的资产，但因为和西北大学之间根本没有界线，加上西北大学北校区的几栋建筑物和绿地也都在这个小公园对面，自然而然西北大学的学生就把它当做校园的一部分了，特别是夏天的烤肉、交谊活动，西北大学学生永远都是和埃文斯顿居民在抢这个公园有限的烤肉架。公园里有个在夏天会固定喷水的小池塘，有时埃文斯顿市政府会安排一些小乐团在池塘边演奏，为市内居民增添生活乐趣。

学生与居民共享这片绿意盎然的纪念公园。

西北大学周边吃喝玩乐

西北大学附近的美食不少，特别是因为邻近芝加哥，因此在埃文斯顿可以很容易享受到芝加哥闻名的厚片Pizza(deep-dish)、热狗(Chicago Hot Dog)以及烤肋排(BBQ Ribs)，爱好美食的你千万不可错过。

美食餐厅

1 Joy Yee's Noodle Kitchen

519 Davis St., Evanston
$ 约$5～$20

祖兴面食，廉价的亚洲面食，即能吃饱又不用花大钱的好餐馆。

2 Pine Yard Restaurant 中式餐馆

1033 Davis St., Evanston
$ 约$10～$40

台湾人开的中餐馆，价格和品质中上。

3 Cozy Noodle & Rice 泰式料理

1018 Davis St., Evanston
$ 约$8～$20

喜欢东南亚辣风味的朋友可能会喜欢这里，评价还不错。

4 Chicken Shack Restaurant 炸鸡店

1925 Rdg Ave., Evanston
$ 约$5～$15

这是埃文斯顿最著名的炸鸡店，物美价廉，在这买些炸鸡、薯条和朋友回家看球赛是一种享受。

5 Mandarin House 韩式餐馆

819 Noyes St., Evanston
$ 约$7～$15

韩国快餐馆，便宜，品质也还可以，离学校很近。

6 Walker Bros Original Pancake House 美式早午餐

153 Green Bay Rd., Wilmette
$ 约$10～$20

标准的美国早餐、早午餐店，品质很不错，虽不在埃文斯顿镇内，但就在隔壁镇，离西北大学也很近，每个周六都是大排长龙。

7 Koi Chinese and Sushi

624 Davis St., Evanston
$ $20以下

中餐和日餐的混合餐厅，环境非常好，又有吧台，可以看球赛。

8 Giordano Pizza

500 Davis St., Evanston
$ $20以下

有著名的芝加哥厚片Pizza(deep-dish)，所添加的番茄酱料别具一番风味。

9 Stained Glass Wine Bar, Bistro & Cellar

✉ 1735 Benson Ave., Evanston
$ $50以上

美式餐厅结合酒吧（Bar），这家餐厅的调酒评价颇好。

10 1800 Club

✉ 1800 Sherman Ave., Evanston
$ 约$20

纯粹的美式俱乐部（Club），非常适合和朋友一起饮酒看球赛，标准的提供热狗、薯条、啤酒的好去处。

哥伦布市

俄亥俄州立大学

The Ohio State University，简称OSU

城市：哥伦布市(Columbus)
州：俄亥俄州(Ohio State)
吉祥物：Brutus Buckeye
代表色：红色和灰色

每个故事都有两面：
十年寒窗的一面，
另一面要靠行万里路来体会。

作者 欧亦云

院系：2008年毕业于TESOL(Teaching of English to Speakers of Other Languages 对外英语教学专业)。

The Ohio State University
Columbus, Ohio, United States of America(USA)

OSU

哥伦布市 & 俄亥俄州立大学

俄亥俄州与加拿大仅有北边的密歇根(Michigan)一州之隔，因此俄亥俄州每年冬季必积厚雪。四季分明的温带气候，让爱读书的人精神抖擞，让爱旅游的人天天抱着相机不舍得放下。OSU位于俄亥俄州的首府哥伦布市，在市中心稍北交通便利之处，大学城附近文化非常多元。对于哥伦布市与俄亥俄州而言，OSU就是他们的骄傲，因为OSU是本州最优秀学子的聚集之地，也是全国最优秀大学球员的聚集地。

Fisher College，大学部排名极好的商学院，仿佛就连草也比别的学院来得绿些。

学校简介

OSU创立于1870年，共分6个校区，分别为Columbus、Lima、Mansfield、Marion、Newark以及Cortland，其中Columbus校区占地约7平方公里，为全美学校最大的主校区。OSU以农业和机械专业起家，之后逐渐扩大研究领域，至今已成为系所及学生人数均为全美最多的学校。依照《华盛顿月报》的大学排名，它排名全美第12，在州立大学中排名第10。OSU最著名的研究领域有癌症科学、化学、生物、教育、商科及政治，以上领域在大学部的全美排名均名列前茅。

许多人知道OSU以美式足球超强队享有盛名，但它真正名震天下的其实是名列第一的舞蹈系硕、博士班，打遍北美(包括加拿大)无敌手。其次名列金榜的是心理咨询专业，全美排名第四，美式足球虽疯狂，又怎能与这些成就相媲美呢？OSU又以准教授的天堂而闻名，对有意打磨教书技巧且领有研究金的研究生们来说，OSU绝对是累积经验的好地方。

另外，关于留学生间口耳相传的OSU超重课业，其实绝非传闻。本校实行学季(quarter)制而非学期(semester)制，一年不加暑期班有3个学季，若学子们决定连暑期密集班一起修，那么一年要选课4次，一学季仅10～11周，这样大家哪还敢翘课呢？

University Hall是学校的历史地标，也是目前研究所大楼(Graduate School)。

Arps Hall是教育学院，每年都有不少中国留学生入学。

学校声望 & 杰出校友

J.C. Penney前总裁 威廉·米尔福德·巴滕

（William Milfred Batten）

获多项东尼奖的音乐剧填词家 李·亚当斯

（Lee Adams）

OSU不但是全美主校区最大的大学，同时也拥有全美大学院校最大的体育馆。它是俄亥俄州高等教育的旗舰学府，被*US News and World Report* 评选为美国前60名、公立大学前20名的大学院校，因此在美国大学经济又实惠的名单中，OSU往往名列前茅。

OSU拥有两位诺贝尔奖提名获得者，分别为获化学奖提名的保罗·弗洛里（Paul Flory）及获物理奖提名的威廉·福勒（William Fowler）；亦曾培育出10位普利策奖(Pulitzer Prize)得主，3位现任参议员及6位现任众议员。杰出校友从J.C. Penney前总裁，到获多项东尼奖的音乐剧填词家，各行各业均有来自OSU的人才，而且最高学历从学士到硕士不等，正所谓英雄不怕学位低，用心努力的态度才是无价的。

此外，OSU替美国培养出超过200位奥林匹克运动选手，更有121位美式足球选手被选为美国荣誉业余球员(All-American athletes)，其中包括5位当选2次，一位当选3次的球员。享有“史上最伟大的奥林匹克运动员”称号的全才选手杰西·欧文（Jesse Owen），以及3次获得沙利文奖（Sullivan Award）的国家级高尔夫球员杰克·尼克劳斯（Jack Nicklaus），都是OSU的毕业生。

如何到达俄亥俄州立大学

Ohio Stadium

1 开车

从Columbus的机场(CMH)走670公路往西接71公路往北，自111号出口下，往西再行2分钟可遇到N. High St.，以西即为OSU校园，全程开车约半小时。

2 大众交通工具

机场至OSU交通车为固定班次，不过每日仅4班，周末停开，想搭乘者请注意，也可先上网查询班次表(www.cota.com/pdfs/routes/current/052.pdf)。

beautiful view

俄亥俄州立大学5大美景

1. 俄亥俄体育场 Ohio Stadium
2. 体育馆 RPAC
3. 椭圆绿地 Oval
4. 镜湖 Mirror Lake
5. 韦克斯纳艺术中心 Wexner Center for the Arts

俄亥俄州立大学校园平面图

Top 1 俄亥俄体育场 Ohio Stadium MAP:A2

球季开赛时熙熙攘攘的球迷。

拜访Ohio Stadium的最佳时机，自然是每年秋季的美式足球赛季。

在ESPN上看过美式足球赛的人，在第一眼目睹这座露天体育馆(Ohio Stadium)的时候，都难免会惊呼："我在电视上看过这个竞技场！"没错，露天体育馆是本州的历史景点之一，而且近90年来始终是哥伦布市的第一地标。这座可以容纳11万人的罗马竞技场造型的体育馆，在美式足球赛开打前2小时，附近必然交通管制、寸步难行，场内放眼望去人头攒动。

露天体育馆是斥资134万美元兴建起来的，于1921年动工，次年竣工，并且于1922年10月首度启用，首场比赛对手是北方不远的俄亥俄州卫斯理大学（Ohio Wesleyan University）。由于那次的上座率不到一半，许多人非常担心学校会因此破产，然而这种忧虑很快被两周后的密歇根赛瓦解于无形，因为不但这场全美国最刺激的大学院校美式足球赛，不但整场爆满，而且球场不多久便连本带利回收了兴建费用。此后每年秋季，露天体育馆都是全国为之疯狂的年度焦点。

Top 2 体育馆 RPAC MAP:B3

拜访哥伦布市绝不可错过RPAC。自从体育馆Recreation and Physical Activity Center(RPAC)于2007年春季全部完工之后，RPAC又替OSU增加了一项全美之最。这看似3栋建筑相连的庞大建筑，其实是一个巨大的健身房，从地上到地下，占地25 000平方米的平面面积，共有4个健身房、12座球场、4间玻璃外墙的巧固球房、5间多功能教室、3个游泳池及4个跑道宽的室内田径场。以上这些事实，使得RPAC成为全美大学院校最大健身房。

RPAC不仅巨大，而且空间设计极佳。从4层楼挑高的重力训练区往右看去，落地玻璃墙的外侧就是著名的露天体育馆，傍晚时分可欣赏满天彩霞，保证健身绝不无聊。游泳池的水疗区也以放松身心著称，因为落地玻璃窗上的线条设计，在视觉上使得室外的大草坪显得巨大无比。

以上这些美景，访客与学生都可享用。身为OSU的访客，不仅能在RPAC前台登记后享有一场免费的导游，还可靠OSU学生取得便宜的一日门票。如果认识OSU学生，每位学生每日可带2位访客进入RPAC，每位访客只需在前台出示有照证件，花$10就可在当日使用全部的设施及参加健身课程，真是物超所值！

beautiful view

Top 3 椭圆绿地 Oval MAP:D3

Oval这块巨大的绿地，是校内户外活动非常重要的举办场所。

正如中央公园是曼哈顿的绿色心脏一般，Oval也是OSU的绿色心脏。这块占地4平方公里大的椭圆形绿地位于校园东侧，被14栋建筑环绕，对OSU的学生而言，一切和休闲有关的活动，都与这片椭圆绿地紧密相连。春暖花开之时，美国学生脱了上衣，躺在草皮上晒太阳；中午的树荫底下往往藏着野餐垫，学生情侣捕捉片刻的闲情，享受难得的自在；午后的绿地上时有飞盘和美式足球在空中飞来飞去，学生们笑着、跳着，好不热闹；傍晚时分的Oval则别有一番风味，常见一家大小连同宠物猫狗一同出游，在草坪上追来追去。

OSU校内的户外活动，都在Oval举行。无论是开学时的全校大摆摊、大型音乐会，或是文化节庆，都在此开展。许多教务长级以上的教授，都要求学生面对Oval的高楼层办公室，以便看看窗外的蓝天绿地，舒缓心情好随时重新出发。

Top 4 镜湖 Mirror Lake MAP:C4

Mirror Lake Jump 是学校在美式足球季饶富趣味的传统。

镜湖是校园内一个狭长的小湖，位于椭圆绿地(Oval)南侧，并与它隔着几栋大楼，又称为South Oval的绿地边缘。如果把车停在体育场(Ohio Stadium)东侧的来宾停车场(Visitor Parking)，向东往椭圆绿地步行至College Road，再向南散步到South Oval，往西绕回镜湖，最后回到来宾停车场，走走停停悠闲地散步大约要花1小时。多数人散步至镜湖，都会多待个10分钟，有人说这是因为湖中的绿藻太鲜绿，也有人说是因为湖边的野鸭太可爱，还有些人就是忍不住要去湖边的Mirror Lake Café买个三明治，坐在这个大家都知道其实不怎么干净的湖边，小小野餐一番。

究竟镜湖有什么样的魔力呢？美国是一个崇尚大即是美的国家，而在这个什么都大的校园里，只有镜湖这个景点是小而美。狭长的湖水沿着Mirror Lake Café划出缓缓的弧线，水鸭和加拿大雁缩着头在湖边小憩，春暖花开的季节里，成群的水鸭宝宝跟着鸭妈妈在水中游泳，不时还能听到小鸭子急得呱呱叫，原来是跟错了鸭队伍。

镜湖最具魔力的时节，就在每年11月底，在OSU和密歇根大学美式足球大对决前夕，上百OSU学生成群地跳入冰冷的镜湖，口中大喊：“Go Bucks! Oh, shoot! It’s freezing!”OSU对这项传统的解释是，不畏寒冷跃入湖水中，才能唤醒OSU最伟大的美式足球教练Woody Hayes的亡灵，好保佑OSU今年大胜死敌密歇根！

Top 5

韦克斯纳艺术中心 MAP:E2
Wexner Center for the Arts

(上) 韦克斯纳艺术中心的表演厅，从早到晚都有人排练。
(中) 韦克斯纳艺术中心面对校内College Road的入口。
(下) 韦克斯纳艺术中心地下一楼的礼品店，销售很多艺术纪念品，是校内最特殊的商店，令人流连忘返。

莱斯·韦克斯纳（Les Wexner）是俄国犹太移民，1959年的OSU商学院毕业生。1963年，他向姑姑借了5 000美金经营小服装店的生意，40年后，72岁的韦克斯纳住在犹太社区Bexley，不但已将哥伦布市北边的New Albany重建为高级社区，兴建了Easton这个购物天堂，同时还盖了许多养老院和健康中心。

韦克斯纳是第一位以个人名义捐款100万美金到United Way of America的慈善人士，他的善举鼓舞了非营利组织United Way of America以及它的信仰者。他也是韦克斯纳艺术中心的主要赞助人，如今在馆内珍藏的毕加索名画 *Nude on a Black Armchai*，就是韦克斯纳于1999年以4 200万美金买下，并捐赠到此艺术中心。许多拜访此艺术中心的人，乍见画作的反应都是："如此著名的画，原来它在哥伦布市！"

对哥伦布市的居民而言，韦克斯纳艺术中心就是哥伦布市的艺术表演厅，当代艺术创作者最喜欢去的地方，每晚都会聚集文艺支持者。OSU的文艺青年也喜欢到韦克斯纳艺术中心来充电，因为韦克斯纳是OSU校友，只要出示OSU学生证，馆内一切门票均有优惠。

馆内美食餐厅

在此特别推荐馆内的餐厅Camp's on Campus，它的4-Che-ese Pizza将会一改你对美国Pizza的恶劣印象！如果对Ohio的高级西餐厅有兴趣的话，别忘了在此要一张Cameron Mitchell Restaurants的名片，当中特别推荐哥伦布市Mitchell's St-eakhouse的菲力牛排(Filet Mignon)，只是别忘了先打电话订位,并于电话中问清楚餐厅的着装要求(不能穿牛仔裤、拖鞋)。

Wexner Center for the Arts

✉ 171 N. High St., Columbus
☎ (614)292-0330

Mitchel's Steakhouse

✉ 45 N. Third St., Columbus
☎ (614)621-2333

俄亥俄州立大学周边吃喝玩乐

农夫市场
Olde Worthington Farmers' Market

除了卖食物，还有花摊和香草摊，有时还会出现销售手工植物精油皂的摊子，品质一等一。

沃辛顿（Worthington）是哥伦布市北部环境最幽雅的住宅区之一，从OSU开车沿High St.往北，约20分钟即可到达。即使不开车，从OSU坐High St.上的2号公交车往Crossoods，沿途风景渐入佳境。农夫市场位于North High St.和New England Ave.的交会处，沿High St.大约2个街区的范围之内，盆花、蔬果、新鲜肉类沿街陈列，沃辛顿的居民往往全家大小出动，买菜的买菜、试吃的试吃、遛狗的遛狗，仿佛高级露天菜市场一般。

沃辛顿是哥伦布市的高税收区，因此柏油路平坦开阔很好开车，每个路口都有完善的无障碍空间，不但树绿花红，公园处处，而且附近不乏风味餐馆，价格比市中心的餐厅低廉。夏季的农夫市场最适合全家大小逛街，从6月至10月，每周六早上9点～11点准时摆摊，除了混合各色花朵果实的手工香皂、招蜂引蝶的枫糖制品、刚从树上摘下来的水果、刚从土里挖出来的马铃薯，以及刚屠宰包装的新鲜肉品之外，还有许多美国超市没有的亚洲蔬菜、肉类，诸如：青江菜、台湾茄子、新鲜切好的牛肝等。原来亚洲食物在美国很是时兴，加上美国人对亚洲菜的概念又与健康及长寿画上等号，经济富裕的家庭往往对此趋之若鹜。

(上)农夫市场就摆摊在可人的沃辛顿镇中心，路边就是精致高雅的法式小餐馆。

(下)蔬菜都是清晨现采现卖，难怪居民看得如此入神。

美食餐厅

1 La Chatelaine Bakery 法式料理

✉ 627 High St., Worthington
☎ (614) 848-6711
$ $10～$25

La Chatelaine Bakery的Pecan Pie和法式洋葱汤称霸全哥伦布市，正如店名“城堡里的女人”(La Chatelain)一般，法式城堡风格的明亮装潢，以及不时飘出的烤炉面包的香味，不禁叫人以为优雅的女主人即将现身。

2 Graters' Ice Cream 手工冰激凌店

✉ 654 High St., Worthington
☎ (614) 848-5151

Graters' Ice Cream是俄亥俄州最著名的手工冰激凌店，每日限量提供冰品，最著名的商品是香草黑莓冰激凌和手工巧克力，还有应季限定的水果口味冰激凌。

Gallery Hop

Gallery Hop是哥伦布市著名的文艺活动，位于市中心以北，只需搭2号公车沿High St.往南，在2th Ave.处下车，这个区域又称为Short North，这几个街区的High St.集中了哥伦布市最著名的艺术品店，每个月第一周的周六晚上，从7点开始一直到深夜，Short North完全符合“越夜越美丽”的想象。

此外，哥伦布市是全美最大的男“同志”集中区之一，Short North一带正是男“同志”的集散地，靠近市中心甚至还有一个十字路口叫做“Gay & High”！

在Short North有一间叫做Global Gallery的非营利手工艺品店，由社区居民投资经营，获益所得全部用来帮助发展中国家的工艺家，使他们能继续献身手工艺创作。这间艺廊还定期举办教育工作坊和社区活动，以真正的行动教导社会大众文化教育的重要性。

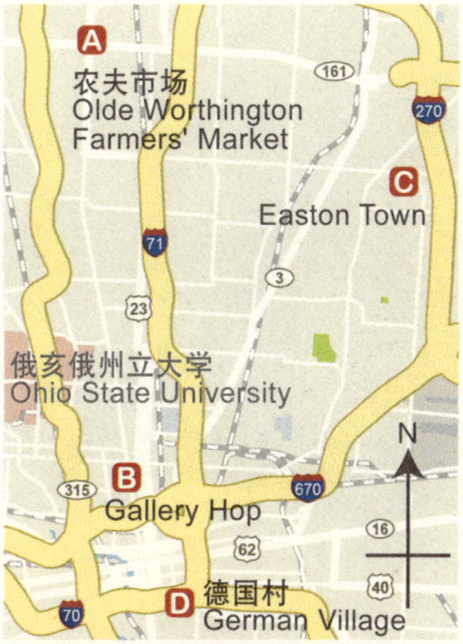

682 North High St., Columbus
(614) 621-1744

Schakoland Chocolate Factory的吸引力不同凡响，东西多得一时不知该选哪一样！

Gallery Hop如遇庆典，警察出巡骑骏马，交通规则还是要遵守的。

美食餐厅

1 Schakoland Chocolate Factory 巧克力专卖店

583 N High St., Columbus
(614)221-4834

巧克力热爱者有福了！位于High Street do wntown附近的Schakoland以巧克力工厂而闻名哥伦布市，只要开门走进去，很难不沉醉于新鲜巧克力的香味中。这间巧克力工厂制作和销售瑞士、德国及法国的手工巧克力，不禁令人联想起美国儿童文学中的有趣故事《巧克力工厂》，香味能甜到人的心里！

2 Hyde Park Steak House 牛排店

569 N High St., Columbus
(614) 224-2204

如果读者真的很想一尝鲜嫩滑口的高级牛排滋味，Hyde Park Steak House绝对是最佳选择，只是需注意进出该餐厅有着装要求，拖鞋牛仔裤谢绝进入，不花上三四十美元，是没办法享受梦想中的美味的。餐厅的服务也非常正式，不先预习一下餐桌礼仪，可能会搞得双方一头雾水呢！

俄亥俄州立大学周边吃喝玩乐

Easton Town的正门入口是电影院，车水马龙煞是热闹。

来到哥伦布市，想在户外餐厅用餐，Easton Town应该是最佳选择了。

Michell's Ocean Club是哥伦布市最高级的海鲜餐厅。

Easton Town中央的大喷泉，春天时在此野餐，保证让你乐不思蜀。

Easton Town

Easton Town是哥伦布市及邻近地区最著名的购物城，是由犹太富商莱斯·韦克斯纳与前加州州长阿诺德·施瓦辛格等人赞助兴建的。在哥伦布市只要提起购物，当地人给出的建议一定是Easton，只需从学校开车往东，沿Sunbury一路向北，约20分钟即可到达。

Easton Town的独特之处，在于它不只是一个普通的购物中心。Easton的设计蓝图是典型的欧洲小镇，因此整个购物中心的环境优雅而平易近人，就算不买任何东西，只沿街漫步或者在广场前观看喷泉，都是身心放松的极佳体验。基本上，所有广受大众喜爱的品牌，几乎都在Easton有至少一个店面，大型百货公司如Macy's和Norstom一左一右，相互竞争。此外，饮食区遍布整个Easton，不必担心肚子饿的问题。

夕阳西下，许多人满载而归，开车经过古色古香的Easton Commons及前方的绿草坪时，都不免赞叹此处建筑的整体性与舒适感。其实，Easton Commons是出租给Easton工作的员工居住安身的套房，在Easton这样一个世外桃源，大家是否对犹太人的善于理财留下深刻印象呢？

http www.eastontowncenter.com

德国村
German Village

德国村在哥伦布市市中心以南不远处，介于Kossuth St.和Thurman Ave.之间，High St.以东围绕席勒公园（Schiller Park）的区域。德国人作为俄亥俄州最早的移民，自从1814年起远渡重洋，航海6周后再翻山越岭，移居到哥伦布市，到1865年时，哥伦布市有三分之一的人口都是德国人。从德国村的房屋设计，可以看得出家族生计的历史痕迹，而根据二楼的大小可猜想该屋的建筑年代，以及建房时家族的经济状况。

到1867年时，席勒公园（Schiller Park）规划设计完成，从此之后这233亩的德国村有了公用的集会场所，周末时不但全家大小可在此处野餐，同时也是音乐会及各种表演举行之处。席勒公园（Schiller Park）盛名因此远播，在19世纪60年代时Ohio State Fair有两次即在此举行。此外，俄亥俄州的第一支美式足球队和全美第一支职业棒球队，都是在德国村举行了他们的第一场主场比赛。

经历了两次世界大战的德国村，经历经济大萧条以及反德风潮的考验，于1960年正式成为哥伦布市的历史保留区。如今的德国村是一个小而美的德式住宅区，街名及社区设计均保持过去的德式风格，红砖铺地，人行道狭窄而美观。The German Village Society有数千会员，为保存德国村及德国文化而努力。在德国村已有150年历史的现在，德国村的居民多半已经美国化，但是外貌及穿着仍依稀保留欧洲风格，小店大多坐落于面对公园的转角处，风味小馆四处可见。

拜访德国村的最佳时机是每年10月的German Village October Feast，这场为期3日的盛宴，所有收入均用来保存及重建德国村。

www.germanvillage.org

承袭德国小镇风格，村落中央必定有广场和公园。

美食餐厅

1 Barcelona 德国餐厅

263 East Whittier Street, Columbus
(614) 443-3699

这家店是Dine Originals Columbus的会员，是独立经营的小餐馆，食材新鲜美味，也是哥伦布市少数提供新鲜鲑鱼、能够满足较高饮食标准的餐厅。夏季时在该餐厅的户外雅座用餐，别有一番风味。用餐价格为15～30元不等，属精致餐点当中价格相当合理的价位。

安娜堡市

密歇根大学安娜堡分校

University of Michigan, Ann Arbor

城市：安娜堡市(Ann Arbor)
州：密歇根州(Michigan State)
吉祥物：獾狼 Wolverine
代表色：蓝色与黄色

喜爱自助旅行和摄影，
每逢假期便拎着相机、驾着车，
亲身体验异国的风土民情。

作者 蔡忠颖

院系：2004年服役完毕后秋季赴美攻读机械专业硕士、博士，2009年秋毕业。

University of Michigan
Ann Arbor, Michigan, United States of America (USA)

UM

安娜堡市 & 密歇根大学安娜堡分校

密歇根大学位于密歇根州东南部的安娜堡市，距底特律市中心约1.5小时的车程。安娜堡市由两位来自美东的移民约翰·艾伦（John Allen）以及以利沙·拉姆齐（Elisha Rumsey）于1824年创建。安娜堡的“安”(Ann)来自于这两位创始人妻子的名字安·艾伦（Ann Allen）以及玛丽·安·拉姆齐（Mary Ann Rumsey），而“娜堡”(Arbor，意指凉亭)则是因为当时镇里比邻而立的橡树，宛若一座座天然的凉亭而得名。因此安娜堡原意为“安的凉亭”，由两位创始人献给他们的妻子。

北校区钟楼内部。

中校区法学院一隅。

学校简介

密歇根大学建于1817年，为美国历史最悠久的几所公立大学之一。当初为了给底特律建所大学，密歇根州政府与当地3个印第安部族(契帕瓦族、渥太华族以及帕塔瓦米族)做土地交涉，而密歇根大学最早便是建在这块777公顷的土地上。时至1837年，密歇根大学迁校至市龄仅13年却以异常速度成长的小镇安娜堡，并一直扩展至今日规模。

在密歇根大学迁至安娜堡的第一年，一切设备皆不足，全校只有2位教授和7名学生，而董事却有19人，师生加起来比董事人数的一半还少。随着4年的建设，密歇根大学安娜堡分校在1841年正式招收了第一届学生并举行入学考试；25年后，密歇根大学已经成长为拥有1 205位学生的大学，这个数字也让密歇根大学成为当时全美规模最大的大学。之后的11年间，医学院、法学院和文学院相继成立，学生人数更是呈直线上升。

时至今日，密歇根大学早已是世界上首屈一指的高等学府，是美国10所最佳综合性大学之一，被誉为“公立常春藤院校”和“公立大学的典范”，与加州大学伯克利分校(UC Berkeley)、弗吉尼亚大学(UVA)并称为公立大学三强，也是美国重要的学术联盟美国大学联合会(Association of American Universities)的12个发起者之一。作为美国的“学术重镇”，密歇根大学拥有全美最高的研究预算、浓厚的学术气氛、优良的师资以及顶尖的商学院、法学院、医学院、工学院及文理学院。在美国国家研究委员会(National Research Council, NRC)对美国各大学研究生院41个学科的评估中，密歇根大学总分排名第三，多项调查显示，密歇根大学超过70%的专业评比项目排在全美前10名。

学校声望 & 杰出校友

1976年诺贝尔物理奖得主 丁肇中

前美国总统 杰拉尔德・R・福特(Gerald R. Ford)

小提琴家 林昭亮

密歇根大学校友超过40万人，拥有全美规模最大的校友会组织。著名的华裔科学家丁肇中即是密歇根大学的杰出校友之一。在现任的6 238名教员中，有数十位世界知名的学者或科学家为现任美国国家科学院院士以及工程院院士，而前美国总统福特也是密歇根大学校友。台湾出生的著名小提琴家林昭亮也毕业于密歇根大学。

密歇根大学一向以全方位发展而自豪，流行音乐界的麦当娜、Google创办人拉里・佩奇、美林创办人查尔斯・梅里尔皆为密歇根大学校友。体育界则有在2008年北京奥运屡次创造世界纪录的游泳健将迈克尔菲尔普斯(Michael Phelps)，爱国者四分卫汤姆・布雷迪(Tom Brady)以及往日叱咤风云的NBA弹簧腿斯伯特・韦伯(Spud Webb)。

如何到达密歇根大学安娜堡分校

1 如何前往安娜堡

可自底特律机场(Detroit Metropolitan Airport)搭乘灰狗巴士或民营的小巴士，也可乘坐火车(Amtrack)至安娜堡。

2 安娜堡市内交通

市内交通由市公车AATA和密歇根大学校内公车Blue Bus串成密集的交通网。密歇根大学教职员和学生乘坐市公车凭证免费，一般乘客票价为$1，车上不找零，请备妥1元钞。密歇根大学校内公车则一律免费。校内公车主要的两条线为Commuter和Northwood，皆可连接北中南三个校区。

有用的相关网站

机场接驳巴士： a2airportshuttle.com
市公车AATA： www.aata.org/AAMap.asp
学校官方网站： www.umich.edu
密歇根大学中国学生学者联谊会：
cssa.chisa.edu.cn/u/amcssa

beautiful view

密歇根大学安娜堡分校13大美景

1.法学院广场 Law Quadrangle

2.希尔音乐厅 Hill Auditorium

3.安杰尔楼 James B. Angell Hall

4.伯顿纪念塔 Burton Memorial Tower

5.克莱门斯图书馆 William L. Clements Library of Americana

6.美术馆 Alumni Memorial Hall(Museum of Art)

7.中校区学生活动中心 Michigan Union

8.密歇根会馆 Michigan League

9.北校区广场 Diag

10.建筑系与美术系馆 Art and Architecture Building

11.北校区图书馆 Media Union / Duderstad Center

12.学生活动中心 Pierpont Common

13.航太系馆 FXB

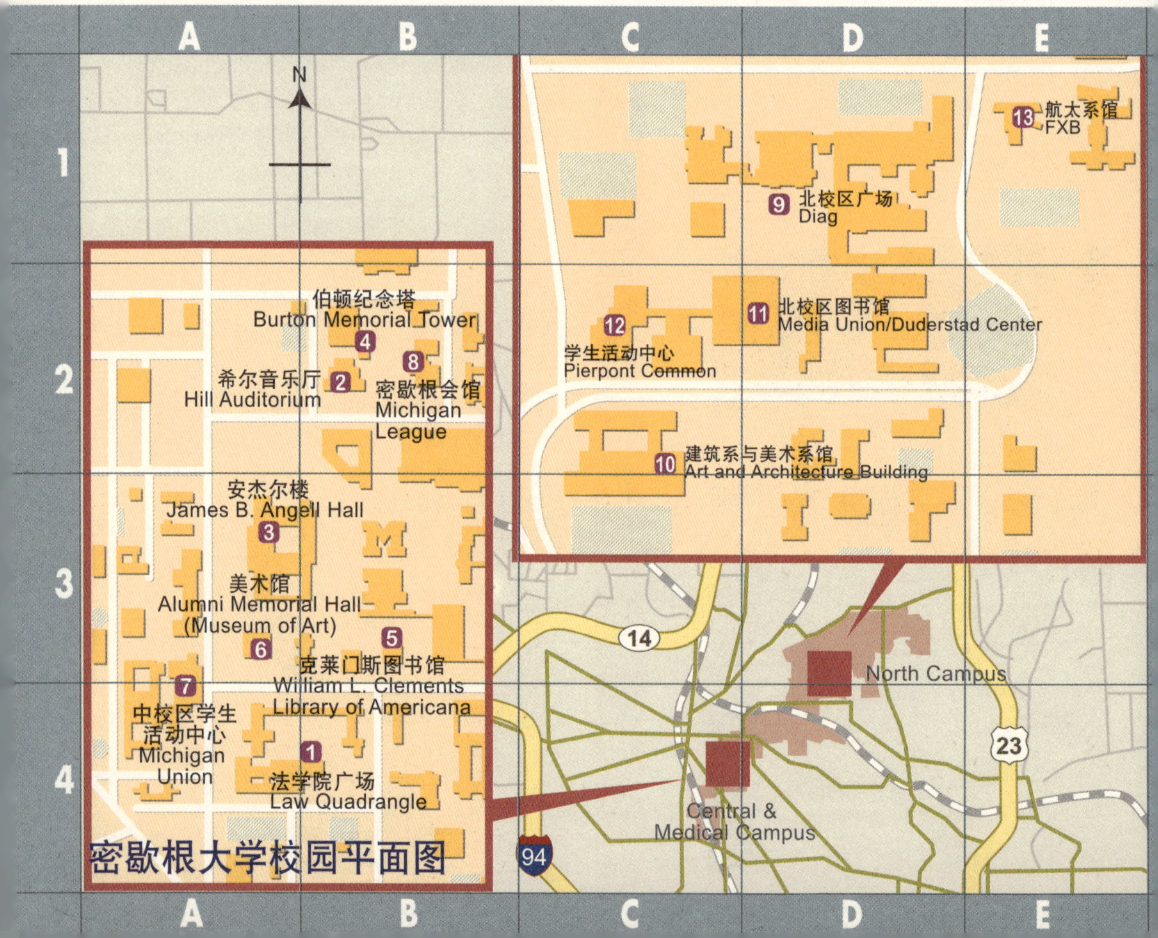

密歇根大学校园平面图

Top 1 法学院广场 MAP:B4
Law Quadrangle

法学院中庭广场是密歇根大学安娜堡分校校园里景色最优美的地方，特别是深秋时广场里褪了绿的枫树将这一隅织得一片殷红，夏季的余热仍离情依依，初秋的第一抹橙却已到来。4栋哥特式建筑构成了法学院中庭广场，这些建筑物是密歇根大学校友威廉·库克（William Cook）捐建的。库克因担任Commercial Cable and Postal Telegraph公司的法务长而累积了可观的财富，他希望通过自己的捐赠，扩大法学院学生的视野，提升学业水准。

Top 2 希尔音乐厅
Hill Auditorium
MAP:B2

密歇根大学的募款能力首屈一指，历届校友、学术团体或私人名义的捐款都让校园的建筑物快速地升级，瑞金特·亚瑟·希尔（Regent Arthur Hill）就是其中一位以私人名义捐款的善心人士。这座可容纳4 300人的音乐厅在装上管风琴后，于1913年6月25日移交给密歇根大学，此时内部除了这座管风琴外空无一物，内部一切则交由建筑师阿尔伯特·卡恩（Albert Kahn）和助手欧内斯特·威尔比（Ernest Wilby）共同设计而成。设计的最高原则只有一个——完美的音质。音乐厅内部的抛物面设计是在1921～1949年间经过不断实验后的产物。舞台上表演者的旋律因此可同步传到观众席上任何一个座位，无论是坐在1楼的大厅，还是3楼的小包厢，声场并不会有任何的延迟。对任何听众都忠于原音的希尔音乐厅让安娜堡市脱颖而出，成为好莱坞名作曲家埃米尔·伯恩斯坦(Elmer Bernstein)60岁大寿时全美仅有的三场音乐会的选址之一。

人文荟萃的安娜堡，虽然只是个小小的大学城，音乐表演的水准却出奇得高。几乎世界上顶尖的音乐家和管弦乐团都曾在希尔音乐厅留下动人的音符。古典音乐的Anne-Sophie Mutter、Mikhail Vasilievich Pletnev、Joshua Bell、马友友，爵士乐的Sonny Rollins、Dave Brubeck、Pat Matheny，传奇印度西塔琴家Ravi Shankar都名列其中。最让人兴奋的是学生票一律$10，位置还是一楼前20排以内！

Top 3 安杰尔楼 MAP:A3
James B. Angell Hall

Angell Hall是文、理、艺术学院(College of Literature, Science, and the Art, LSA)的中心建筑，作为LSA的象征已有80多年的历史。Angell Hall于1924年完工，当时的校长马里恩·伯顿Marion Burton这样叙述道："Angell Hall将让整个密歇根大学校园更具一致感。漂亮典雅之外，还有着威风凛凛的气度。"1948年行政大楼建立以前，安杰尔楼一直是校长办公室的所在地。

Top 4 伯顿纪念塔 MAP:B2
Burton Memorial Tower

曾有人这么说过："密歇根大学首次正式提及的音乐，就是关于这些钟。"在1919年，《密歇根大学之友》这本刊物的一位作者便建议在校园内兴建一座钟楼，一直到以积极风格闻名的校长马里恩·伯顿上任才将这件事纳入考虑范围。虽然在1925年老校长便不幸去世，但一连串为建立钟楼以纪念伯顿的募款活动却因此正式展开。1935年，伯顿纪念塔正式动工，1936年12月4日这座建筑正式落成。

这座钟楼总高10层，65米。为了让每一层楼有更大的平面空间，同时也有足够的建材强度来容纳大大小小、总重100吨的钟(全世界第三重的单件乐器)，Albert Kahn & Associates公司应用钢筋混凝土薄壳结构，并由石灰取代一般的石块做为外墙的材料。

钟楼对外开放的时间为每年4月～10月每周三下午4点～5点、周六上午11点～12点，而演奏的曲目都会公布在1楼的门厅，听众可以自由选择最适合自己的位置，聆听钟琴演奏。

Top 5

克莱门斯图书馆
William L. Clements Library of Americana

MAP:B3 图书馆展览室对外开放的时间为周一～周五09:00～12:00、13:00～17:00

克莱门斯图书馆馆藏以美国历史为主，资料涵盖哥伦布时期至南北战争结束。总共有47 000册书、30万件手稿、书信和文件，4 200份报纸以及36 000份地图，是全美排名第一的美国史图书馆。董事长威廉·L·克莱门斯（William L. Clements）生活上的业余爱好便是研究美国早期文学，特别是1800年之前印刷的原稿。这份热情随着他将手边的文物全数捐给密歇根大学而达到了最高点。

Top 6

美术馆
Alumni Memorial Hall (Museum of Art)

MAP:A3 周一～周六09:00～17:00，周日13:00～17:00；夏季开馆时间稍晚，为周一～周六11:00～17:00，周日13:00～17:00；皆免门票

Alumni Memorial Hall在1910年5月11日捐赠给密歇根大学，是第一栋校友捐助的建筑物，典礼当天展出了许多美国当代艺术家的作品，包括一群密歇根的画家。随着1966年校友会办公室迁出，Alumni Memorial Hall便正式由美术系全权使用。

“Nydia”为第一件重要馆藏，于1862年由校友们及安娜堡居民共同出资购买捐给密歇根大学。这件真人大小的大理石作品是由安娜堡出身的美籍雕刻家伦道夫·罗杰斯（Randolph Rogers）所做，而伦道夫·罗杰斯（Randolph Rogers）后来更成为古典复兴时期的重要艺术家之一。馆内的永久收藏大范围涵盖了东方和西方5世纪至当代极具代表性的艺术品，至今日馆藏仍然持续增加，并随着展出主题及师生研究需要更改展览的物品。

Top 7

中校区学生活动中心
Michigan Union

MAP:A4

Michigan Union是继承早期Union Club House的建筑物，随着1916年初内部设备扩充的需要，原先的Union Club House被拆除并扩建成今日的Michigan Union，为仅供男性进入的社交场所。一直到1919年秋，Michigan Union才正式对外开放。Michigan Union当时被许以一个温暖的称呼“在远方的家之外的第二个壁炉”。木制的窗棂和窑烤的地砖为这栋建筑物平添了更多的温暖；建筑入口处上端的两个石雕分别代表运动员和学者，意为体育和智育并重；内部设备良好，除了具备会议室、游泳池及图书馆之外，还有49间客房、理发厅、餐厅及舞厅。学术协会曾多次在舞厅里举办餐会和舞会，并以10人组成的小型管弦乐团演奏助兴。

Top 8 密歇根会馆 Michigan League

MAP:B2

建造密歇根会馆是为了给在密歇根大学就读的女性提供一个别致的、适合社交休闲的场所并满足当地居民所需而建的，Michigan League也成为当时全美大学唯一一栋以女性为主要对象的建筑物。相对于中校区学生活动中心这个只允许男性进入的社交场所，密歇根会馆则只限女性使用。

1921年2月，在已故校长马里恩·伯顿的指导下密歇根会馆渐渐有了雏形，在校友捐助金额足够的前提之下，董事会通过了兴建这栋建筑的计划。随着世界各地校友的踊跃捐助，密歇根会馆内部构造日渐完整。第一件大型的礼物由住在芝加哥的罗伯特·拉蒙（Robert Lamont）捐赠，这笔款项用于兴建密歇根会馆第一任馆长埃塞尔·于塞（Ethel Hussey）女士的铜像；而戈登·门德尔松（Gordon Mendelssohn）则捐赠了有700个座位的Lydia Mendelssohn剧院，用以纪念他的母亲；中国天津的校友则捐赠了由清朝官服做成的刺绣；东洋风格的地毯、花瓶、银器、钢琴以及其他林林总总的饰品，也从世界各地不断涌入。

"在1928年3月19日密歇根会馆的基石放下去的一瞬间，密歇根大学女性38年以来的梦想，终于变得如石块般坚固了。"捐赠典礼在1929年6月14日举行，这一工程被喻为"密歇根大学女性在校史上最重要的一件事"。

Top 9 北校区广场 Diag

MAP:D1

周一～周六09:00～17:00，周日13:00～17:00；夏季开馆时间稍晚，为周一～周六11:00～17:00，周日13:00～17:00；皆免门票

北校区的大广场Diag因广场上两条对角线的道路而得名。在天气好的时候，常可以看到学生在这里丢飞盘、玩美式足球或棒球，广场上最引人注目的是北校区最高的钟楼。

钟楼里一共有60座大大小小的钟，总重量比世界排名第三的伯顿纪念塔上的钟略轻。北校区钟楼还有个很特别的设计，钟室外侧的百叶窗为活动式，用意在于钟楼四周如未来建造了新建筑物，或者因天气因素造成音场改变时，仍可以借此调整、让钟楼传出漂亮悠远的钟声。钟楼设有电梯，可以搭乘至二楼的钟室参观这60座大小不同的钟，再走上三楼的琴房参观。此外，钟楼居高临下，在三楼就可以把整个北校区尽收眼底。密歇根大学提供钟楼演奏的课程，只要具备钢琴基础的学生皆可选修。琴房内的琴结构和钢琴类似，唯一不同的是琴键被一根根的木柱所取代，演奏时用手握住轻拨，联动的机械装置会敲击二楼钟室内对应的钟奏出旋律。在北校区只要听到钟楼传出上下课或报时以外的钟声时，就说明钟楼三楼琴房内有人在演奏，不妨在琴声方歇时上楼打个招呼，顺便参观。

Top 10 建筑系与美术系馆
Art and Architecture Building MAP:C2

馆内的Jean Paul Slusser艺廊于周一～周五09:00～16:00开放参观。

此系馆由美术系、建筑及都市规划学院共用，由Swanson Associates设计并于1974年完工。系馆的设计别出心裁，除了从空中鸟瞰为一个具开口的正方形并向外延伸之外，建造上采用了大量的玻璃和砖块。这个系馆与其说是个教学场所，倒不如说是一栋艺廊。系馆里的走廊和墙上几乎不间断地展出学生的艺术创作，雕塑、绘画、金工和各种装饰艺术，往往让每位参观这栋系馆的人驻足良久。

Top 11 北校区图书馆
Media Union/Duderstad Center MAP:D2

$ 暑假(5月初～8月底)开放时间为07:30～午夜，学期中24小时开放，无须门票，游客可自由进入，只需谨记放低交谈时的音量

北校区图书馆的藏书量惊人，主要以工程、美术和建筑为主。除了传统的图书资源之外，图书馆里的数码设备也相当先进，里面甚至有个颇具规模的数码工作室，主要用于音乐制作或表演摄录。这里也配备了大量的个人电脑与各种软件供学生使用，学期末往往变成不夜城，每台电脑前都有不同院系的学生在为期末论文而奋斗。

北校区图书馆的历史要回溯自1983年，当时校方想于北校区建造一座属于21世纪的图书馆。在等待州政府拨款并核准施工期间，各方人士展开激烈的辩论，研究到底什么样的内容可以让这座图书馆符合21世纪的要求，计划委员会认为在不久的将来科技水平会远远超过当时，而电脑、网络以及其他多媒体将成为最主要的学习和研究媒介，他们认为理工的研究必须与电脑结合，而艺术家也将通过电脑让他们的创造力无限驰骋。这项极具远见的决定也成为其他各地新建图书馆走向以数码化为主的滥觞，各地类似的辩论焦点渐渐也变成诸如传统图书馆的功能如何延伸，以及新科技的教学和运用需要何种设备，等等。

Top 12

学生活动中心 Pierpont Commons (Double P's)

MAP:C2

"Commons"顾名思义即为供学生休闲社交的场所，这里几乎能提供全部生活所需。里面有不同类型的餐厅和咖啡馆，价格经济实惠；两家杂货店里文具应有尽有，对看书看饿了的人来说也是个买零食的好去处。校方的"学生打工询问处"则可供学生或游客索取校内的相关资料，并提供所需的帮助。

展览厅用途多元，从少数民族的特展到学生社团的鸡尾酒会都曾在此举行。学生活动中心的天花板上吊着世界各国的国旗，足以体现密歇根大学学生的多元化！

Top 13

航太系馆 François-Xavier Bagnoud Building(FXB)

MAP:E1

除了22:30～次日06:00必须刷学生证才能进入之外，其他时段航太系馆是免费开放给大众参观的，只是切记交谈时注意控制音量，毕竟上课的教室、教授的办公室都在旁边

密歇根大学航太系位于François-Xavier Bagnoud Building(FXB)，是一座占地约8 400平方米的现代化建筑，除了教室以及教职员办公室之外，现代化实验室更是航太系的重点项目。设施多元，从次音速／超音速风洞到复材实验室，从全美大学里面规模数一数二、用于模拟太空环境的真空舱，到用于辅助设计和制造或进行模拟计算的电脑方阵，激光测量、数码显像和处理都是院系的基本设施。

系馆的命名源于一位毕业生François-Xavier Bagnoud，他生于瑞士日内瓦，于1979年来美国密歇根大学航太系就读。Bagnoud在大学期间写了一本飞行手册《单人直升机理论》，随即被当时在欧洲受飞行训练的人广泛采用。Bagnoud热衷飞行，在取得学位后加入他的父亲在瑞士瓦莱州Swiss Canton的小飞机公司Air Glaciers，公司服务内容主要是救难协助和提供观光飞行。23岁的Bagnoud也成为欧洲有史以来最年轻的操作飞机与直升机的职业飞行员，并在瑞士和非洲两地完成300项以上的飞行搜救任务。然而在1986年1月14日，Bagnoud在西非马里执行任务时，死于直升机的意外事故，时年24岁，他的亲友们随即成立了François-Xavier Bagnoud基金会来纪念这位生命短暂却璀璨的青年，而此基金会长年的慷慨解囊也让密歇根航太系在航天领域里独步全球。

密歇根大学安娜堡分校周边吃喝玩乐

美食餐厅

密歇根大学学风一向开放，世界各地的文化在这个大学城里兼容并蓄。文化多元的特点也反映在这里多样化的餐厅选择上。从熟悉的东亚料理开始，中国、日本、韩国、泰国、越南等料理随处可见，而印度及中东料理在这里也很常见，欧美料理诸如希腊、意大利、西班牙、墨西哥、古巴和美国更是少不了。

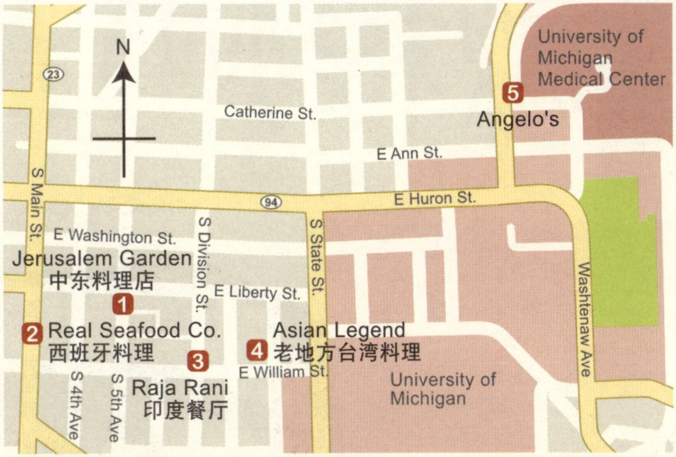

1 Jerusalem Garden 中东料理店

✉ 307 S 5th Ave
🕒 周一～周四10:00～21:00，周五10:00～21:30，周六11:00～21:30，周日12:00～20:00

这是一家规模小、价格低廉，食物却令人完全无法抗拒的餐馆。夏天时户外有座位，冬季时便只剩室内少数几个位子。强力推荐Sharwama和Kabob，二者都是包着高丽菜丝、Hummus(中东酱料名)及鸡肉或牛肉或素食的炸豆酥Falafel的卷饼，分量适中，价格在$6左右。

2 Real Seafood Co. 西班牙料理

✉ 341 S. Main
🕒 周一～周四11:30～22:00，周五、周六11:30～23:00，周日13:00～21:00

在中校区经营许久，生日时出示有效证件店家会免费招待寿星一餐。菜单种类从大家熟悉的西班牙海鲜饭到一些奇奇怪怪的菜一应俱全。

3 Raja Rani 印度餐厅

✉ 400 S. Division
🕒 周一～周四11:00～22:00，周五、周六11:00～22:30，周日11:00～21:00

价格实惠，食物好吃，中午若想吃饱，加上小费约$10，拥有多样的菜式选择。各式各样的咖喱加上香喷喷的印度大饼，佐以一杯芒果汁，饭后再来点传统的印度甜点。

4 Asian Legend 老地方台湾料理

✉ 516 East William
🕒 周一～周四11:00～22:00，周五、周六11:00～22:30，周日11:00～21:00。

臭豆腐、猪大肠、猪耳朵和鸭舌头，样样不缺，也可以带份排骨饭、卤肉饭再切份卤味拼盘回家解馋。夜市小吃如肉圆、蚵仔煎或盐酥鸡在这里也都买得到。

5 Angelo's

✉ 1100 E. Catherine
🕒 06:00～15:00。

Angelo's是安娜堡市一家历史口碑兼具的早午餐馆，物美价廉，唯一的缺点是往往需要等半小时以上才会有位子。推荐店内的Omelet(煎蛋饼)，种类多、分量足又好吃。

东兰辛市

密歇根州立大学

Michigan State University，简称MSU

城市：东兰辛市(East Lansing)
州：密歇根州(Michigan State)
吉祥物：斯巴达人(Spartan)
代表色：绿色和白色

喜爱旅游、美食、购物、
电影、电视剧集，
以及体验人生中美好的事物！

作者 陈欣瑗

院系：2009年5月毕业于Department of Counseling, Educational Psychology & Special Education，现为美国大学助理教授。

Michigan State University
East Lansing, Michigan, United States of America(USA)

MSU

East Lansing & MSU

东兰辛市 & 密歇根州立大学

东兰辛市是密歇根州的首府，以其学术声誉极高的密歇根州立大学而闻名，也正因如此，东兰辛市的居民与密州大紧紧相连，市民大多为密州大的教职员工或学生，所以称它为一所大学城，一点也不为过！与其他密歇根的小镇相比，东兰辛市的国际学生以及学术人员比例也相对较高，因此有点像个小型地球村，来自各国的美食、文化，让东兰辛市呈现更多元、兼容并蓄的一面。东兰辛市的居住环境相当不错，不仅治安良好、房价合理，市容也相当整洁干净，这里绿草茵茵，是个适合居住的城市。

斯巴达(Spartan)是密歇根州立大学球队的吉祥物，代表着骁勇善战的精兵。

学校简介

密歇根州立大学位于东兰辛市，于1855年建校，目前为美国第六大研究型综合大学，共计有45 000多名学生(35 000多名大学和1 0000名研究生)，4 500多名教职员工。

回溯校史，MSU建校的推手为1850年的密歇根宪法，在当时宪法已规定需建立一所农业学校，因此密歇根州州长宾汉先生(Kinsley S. Bingham)于1855年签署成立美国第一所农业学校——密歇根州立农业学校，之后在1955年百年校庆时才更名为密歇根州立大学，并扩大招生规模、增设院系，将其声誉流传至海内外。

密歇根州立大学一景。

密歇根州立大学校本部占地约2 100公顷。校区有红衫河(Red Cedar River)贯穿南北。主要建筑物与行政单位皆位于北校区，其中不乏相当数量的新哥特式建筑风格的建筑物，颇具特色。而南校区也包括许多学术单位、国际学生中心、体育场以及学生宿舍。最特别的是，学校也贴心提供专人校园导览(请咨询MSU Tour Office，517-353-9300)，带领游客游览20多处最富特色的校园景点，例如：斯巴达足球场(Spartan Stadium)、比尔门塔(Beaumont To-wer)、园艺与微生物学实验室(Cyclotron Lab)、比尔植物园(Beal Botanical Garden)、凯拉格旅馆与会议中心(Kellogg Hotel & Conference Center)和4-H儿童花园(4-H Children's Gardens)等。

密歇根州立大学校园一隅。

学校声望&杰出校友

前美国能源部部长 斯潘塞·亚伯拉罕（Spencer Abraham）

前密歇根州州长 詹姆斯·布兰查德（James Blanchard）

普利策传记文学奖得主 伍德罗·威尔逊（Woodrow Wilson）

NBA“魔术师”埃尔文·约翰逊（Earvin Johnson）

密西根州立大学提供的课程丰富多样，包含超过200门的专业课程，尤以研究生部课程最为著名；除了招牌起家的农学院外，教育学院、通信学院和商学院也颇负盛名。根据《美国新闻》(*U.S. News*)2008年的研究所评比调查，教育学院的中等与初等教育学(Secondary Education & ElementaryEducation)，已连续8年蝉联全美第一，而课程与教学(Curriculum & Instruction)为2007年评比中的第一名、2008年的第二名。另外，理学院的原子核物理学为2006年的全美第二，商学院的供应链管理为2007年全美第一，通信学院的大众传播、国际通信、人际通信亦为全美名列前茅的课程。

密歇根州立大学的美术馆。

密歇根州立大学经营的凯拉格旅馆与会议中心大厅。

如何到达密歇根州立大学

要到达MSU非常简单，大部分的学生皆选择乘坐西北航空的班机，直飞底特律机场出关检查行李之后，再转乘一班航行约40分钟的国内班机至兰辛市。

1 机场出租车

兰辛机场有出租车行的电话，提领行李处也有免费电话可以预约出租车。车程只需10分钟，便可抵达校园，车资约＄20，另计美金＄2～＄3的小费。

2 大众运输工具

CATA公车：14号路线到Lansing Downtown(CTC前后站皆可)，下车后于同一候车室转乘1号路线到MSU校内，全程约需20分钟。MSU学生可凭学生证以票价$0.5(原价$1)搭乘CATA公车，或是直接购买月票($14)或学期票($45)；若要转车，司机会在一上车时给一张转乘卡，凭此卡2个小时内可免费转乘。美国公车班车时刻表的发车时间很准时，很少延迟，而且公车前后通常有架子可供乘客免费摆放脚踏车，以利乘客下公车后骑乘。

3 自底特律或芝加哥前往

此外，若从底特律或是芝加哥到MSU，可以选择乘坐火车、灰狗巴士等大众交通工具，或自行开车前往，由底特律沿I-94 W. 公路约1.5小时，或自芝加哥沿I-90 E.公路约4小时。

有用的相关网站

兰辛机场出租车资讯：
www.flylansing.com/airport_info/ground_trans/taxi.html

兰辛地区公交车系统： www.cata.org

学校官方网站： www.msu.edu

密歇根州立大学中国学生学者联谊会：
www.cssassu.org

beautiful view

密歇根州立大学11大美景

1.斯巴达球场 Spartan Stadium
2.比尔门塔 Beaumont Tower
3.MSU图书馆 MSU Libraries
4.粒子回旋加速器实验室 Cyclotron Lab
5.比尔植物园 Beal Botanical Garden
6.MSU博物馆 MSU Museum
7.校友纪念教堂 MSU Alumni Chapel
8.国际学生中心 International Center
9.凯拉格旅馆与会议中心 Kellogg Hotel & Conference Center
10.乳制品专卖店 Dairy Store
11.牧场 MSU Farms

Top 1 斯巴达球场 MAP:C2
Spartan Stadium

团体参观可事先电话预约：(517)432-4610
只有比赛时才开放给一般游客入内参观

曾经看过美国球赛的人应该都知道，每支球队在场边总会放置一个代表该队精神标志的吉祥物(Mascot)；MSU也不例外，MSU的吉祥物为Spartan，意即斯巴达战士，但它可不代表电影里残酷的斯巴达战士，相反的，它是亲切可爱且有着运动员精神的勇士。可别小看它，它可是连续3年获得全美大学吉祥物的总冠军。

MSU球场建立于1923年，现能容纳75 005名观众同时在场内观赏比赛。MSU球场即依MSU的吉祥物取名为斯巴达，而MSU的运动员在球赛中表现非凡，不论是美式足球、足球、棒球、垒球、曲棍球，样样都很出色。最盛大、最著名、最疯狂的比赛即是每年与邻校密歇根大学(University of Michigan)的曲棍球大战“冷战”(The Cold War)，年年爆满、座无虚席。

Top 2 比尔门塔 MAP:C1
Beaumont Tower

向一般游客免费开放
学期中每周二的中午以及暑假事先预约日期皆开放

在介绍MSU的钟塔之前，先简单介绍一下美国的钟楼历史。截至目前，美国共有170座钟楼，而整个密歇根州就占了12座。翻开美国校园历史，大学院校的钟楼往往随着钟声成为各校的地标，也正因如此，钟声也成为校园文化的一部分。大学院校钟楼的钟皆为组钟，有10～67组不等，可依音的排列组合而演奏乐曲。钟楼除了每天定时2～3次的演奏之外，也在大学重要场合与典礼上扮演重要角色，例如毕业典礼、足球赛胜利、婚礼与圣诞节等。钟楼演奏所形成的校园文化与大学传统更是校友、社区居民共同的美好回忆。

如果喜爱聆听钟声音乐的话，绝不能错过MSU的钟声背景。MSU的比尔门塔共有49组钟，能够弹奏任何一首有乐谱的乐曲；而每年7月份的周三晚间6点以及学期中的周二中午，更会邀请钟琴演奏家Dr. Ray McLellan到校举行草地钟声音乐会，到时别忘了携带坐垫、毛毯前往聆听噢！

Top 3

MSU图书馆 MSU Libraries

MAP:C1

除本校教职员工、学生，及校友外，MSU图书馆亦开放给一般社区民众以及非MSU学生参观使用

全年开放，无休息日

MSU图书馆的藏书非常丰富，目前为北美第26大学术图书馆系统，收藏超过450万册书籍、640万张微胶片、33 000册期刊，以及4万份CD、VCD、DVD等有声资料。除了总馆以外，整个图书馆系统其实包含另外9座分馆，其中有关非洲的研究与资料超过20万笔项目，为全美最大的收藏中心。总馆(Main Library)有东翼(East)和西翼(West)之分，西翼的1楼有Cyber Coffee咖啡厅，提供咖啡与简易餐点。

每学期伊始，馆方会提供馆内导览说明、服务项目简介(例如：免费一对一英文写作家教、视听设备与资料租借、网络与打印使用等)、图书陈列位置介绍、演讲或说明会举办(例如：软件使用、奖学金说明会、研究计划撰写等)，以及新生训练。在美国，使用图书馆俨然已成为校内师生与社区民众生活不可缺少的一部分。

Top 4

粒子回旋加速器实验室 Cyclotron Lab

MAP:D2

团体或个人参观必须事先预约，电话(517)355-9671

向一般游客免费开放

若对物理或原子能很感兴趣，大力推荐此间处于MSU校园里的“国家原子能物理超传导实验室”。MSU的原子能物理为全美首屈一指的研究单位，为美国原子能物理的重点发展之一。2004年时成功制造出一颗取名“锗60”的锗同位素，同年MSU与北卡罗来纳大学和巴西政府在智利安第斯山脉架设天体物理学研究望远镜(Southern Astrophysical Research Telescope，简称SOAR)，主要探测超新星，这架跨国合作的望远镜为物理与天文跨领域的结合开启了新序幕。此实验室亦提供免费的导览活动，开放给一般民众参观其原子能物理控制室、资料传输室，并有影片详细解说其研究主题与重点，喜爱原子能科学的读者千万别错过!

Top 5 比尔植物园 MAP:C1
Beal Botanical Garden

比尔植物园为全美历史最悠久的大学植物园，由植物系的比尔教授于1871年亲手建立，因而以其命名。比尔教授在当时极具声望，其中最有名的研究莫过于玉米的异花授粉并使其快速提高产量，这是当时生物界的一大突破。时至今日，植物园内的植物种类已超过5 000种，除了供研究、教学之外，每年慕名来此植物园的游客络绎不绝，再加上这里是许多新人心目中梦想的室外婚礼、宴会活动场地，更使得比尔植物园声名大噪。

Top 6 MSU博物馆 MAP:C1
MSU Museum

- $ 向一般游客免费开放
- 周一～周五09:00～17:00，周六10:00～17:00，周日13:00～17:00
- http museum.msu.edu

MSU博物馆建于1857年，为美国中西部历史最悠久的博物馆之一。截至目前，已有超过250万件的展览品或标本曾在此馆展示。馆内设有常驻展以及巡回展，展览种类包括自然科学、天文历史以及艺术长廊等。常驻展分为几大项目：大厅的文物收藏展，一楼的植物、动物栖息地透视画馆，二楼的绝种动物特展，早期海洋生物化石展，世界文化展，密歇根传统文物摄影展，以及青少年手工艺品展。而其网站也提供“虚拟”展览，让观众即使在家也能参观博物馆内的某些展览。

Top 7 校友纪念教堂 MAP:D2
MSU Alumni Chapel

- $ 向一般游客免费开放
- 团体或个人参观必须事先预约，电话(517)355-3464

已有数以万计的MSU学生和校友在此MSU校友纪念教堂举行婚礼、洗礼以及各项纪念礼拜。此教堂建于1952年，现由MSU校方管理维修。其古色古香的都铎式建筑风格、古木参天的屋檐、五彩缤纷的彩色玻璃门窗、色调柔和的地砖以及简单优雅的格局，深深吸引游客前往参观。与其他欧式风格的教堂一样，讲道台、诗班席以及管风琴也为其必要配备，并有可容纳190人的座位，以供观礼。

Top 8 国际学生中心 MAP:C2
International Center

国际学生中心是每位来MSU读书的外籍学生第一站报到之处，学校会将国际学生的资料建档，并提供各种新生训练以及帮助。另外，国际学生中心大楼的一楼设有美食街(Food Court)，中式快餐店、潜水艇三明治店、比萨店、汉堡店，样样俱全；大楼的地下层为便利商店以及MSU官方书店，书店内除陈列教授指定的教科书可供学生选购之外，还有各式各样印有MSU标志的纪念品，诸如棒球帽、衣服、马克杯、明信片等。对于第一次到访MSU的新生与游客来说，国际学生中心大楼绝对是不容错过的必访地点。

Top 9 凯拉格旅馆与会议中心 MAP:B1
Kellogg Hotel & Conference Center

http www.hfs.msu.edu/kellogg

这家旅馆是MSU校方自己经营的，为其旅馆餐饮系的学生提供实习机会。凯拉格旅馆与会议中心坐落于学校校园中，邻近斯巴达球场、大学部学生宿舍，是四星级的复合型大型休闲饭店，包括3间精致餐厅、160间客房、32间会议室、1 000个停车位、精品店、健身中心、网球场，并提供往返机场的专车接送。每当学校举办特殊活动，如优异学生颁奖典礼、国际学生联谊会、圣诞节晚会、求职厂商展览会等，此旅馆的宴会厅就会成为主办场地的当然之选。

除此之外，饭店的经营者也极具商业头脑，每当重要节日来临之际，饭店就会推出价格相当诱人的饭店套餐，例如，大学部开学前一周，饭店以平常价格的5折让学生家长入住一周并提供早餐、游校园活动；而情人节也有住房优惠与折扣；体育赛程时更是一房难求。

Top 10 乳制品专卖店 Dairy Store

MAP:C2

MSU以农业起家，畜牧系相当出名。他们除了有自己的农场、牧场之外，还有一家极多盛名的乳制品专卖店。店面装饰别具特色，门口悬挂了许多以MSU和冰激凌为图案的旗帜，即使大老远也能很快认出这是一家和冰激凌有关的商店！没错，店内最畅销的莫过于口味多达36种的冰激凌了，有别于坊间商业化的口感与浓度，MSU自制的冰激凌吃起来口感相当绵密、厚实，奶味很重，但又恰到好处，一吃就知道这食材绝非偷工减料，吃后唇齿留香，令人想一吃再吃。价钱也相当亲民，2大球的冰激凌只需$3.75，分量相当令人满意。

每当校际杯足球赛开打时，店里还会推出“Big Ten”的口味，例如爱荷华大学(U. of Iowa)的橘子口味，密歇根大学(U. of Michigan)的黄色莱姆配蓝莓，俄亥俄州立大学(Ohio State U.)的巧克力口味。

除了冰激凌以外，店里也提供圣代、奶昔以及漂浮冰激凌。既然店名为乳制品专卖店，想当然，店里也销售各式各样的起司(Cheese)、起司三明治、起司浓汤，以及优酪乳。

若周二至周四的下午刚好来此店享用冰激凌，别忘了去位于店面后方的观景台(Observation deck)参观冰激凌和乳酪的制作过程噢！

Top 11 牧场 MSU Farms

MAP:D4

$ 向一般游客免费开放

⏲ 马房或牛舍于每天09:00～16:00开放，免费供民众参观；若您运气好的话，还可以在下午(16:00前)看到为乳牛挤乳的全过程

提到冰激凌与乳酪，一定也得带大家逛逛MSU的牧场与农场。MSU一共有10座牧场，分别为羊、马、牛、猪、鸡等畜牧之地。

beautiful views

密歇根州立大学周边吃喝玩乐

美食餐厅

虽然这里不像加州、纽约或芝加哥一样有着广大的华人社区，但是MSU麻雀虽小，五脏俱全，MSU学生课余的吃喝玩乐，方圆数十公里内都可解决。

东兰辛市

1 Apple Jade 中式料理

✉ 300 N. Clippert St., Lansing (Frandor Shopping Center)
☎ (517)332-1111
$ 一道菜约$10

老板和老板娘来自台湾，除了卤肉饭、排骨饭、炒时菜以外，还应季节推出锉冰和小火锅，令MSU的中国学生相当惊喜。锉冰的口味有红豆冰、炼乳冰、杧果冰等；而小火锅非常类似涮涮锅，锅内食材包含了牛肉、大白菜、豆腐、香菇、冬粉等，但解解乡愁还是不错的。

2 Udon 中韩式快餐

✉ 134A Harrison Road, E. Lansing
☎ (517)332-5995
$ 一道菜约$6～$8，珍珠奶茶$3(只收现金)

Udon的老板是韩国华侨，很喜欢跟客人聊天。除了供应许多经济实惠的亚洲料理，诸如猪脚饭、牛肉面、海鲜煎饼、泡菜豆腐锅、乌龙面等，韩式泡菜、豆芽菜、马铃薯沙拉等小菜还免费无限量供应，珍珠奶茶便宜又好喝，而且重点是店内还会播放中文电视节目！

3 Omi 日本料理

✉ 210 Mac Ave, E. Lansing
☎ (517)337-2222
$ 一道菜约$10～$20

这家号称是全东兰辛市最好吃、最地道的日式餐厅，最推荐店里的寿司、手卷、乌龙面、日式炸猪排、咖喱饭、涮涮锅等。加州酪梨(California Roll)和龙虾(Lobster)手卷，加上一盘日式猪排(附赠前菜和风沙拉和味噌汤)和一锅SHABU SHABU涮涮锅，这样晚上饱餐一顿，大约需要$40。

4 Outback Steakhouse 牛排馆

✉ 4880 Marsh Road, Okemos
☎ (517)381-1704
$ 一道菜$10～$20

美式连锁牛排馆，位于Meridian Mall里。推荐Outback Special Steak和Grilled Chicken Sandwich，点餐会附送松软的全麦面包，保证让你肚子撑着走出餐厅大门！这一餐很经济，大约需要$30。

5 Old Country Buffet

✉ 2301 W. Grand River Ave, Okemos

☎ (517)349-2818

$ 每人约$10

美式连锁自助餐厅，菜品基本是炸鸡、薯条、意大利面、起司三明治、生菜沙拉等。

休闲娱乐

MSU每周四～周日都会在Wells Hall或Conrad Auditorium播放两轮电影(住校生免费；其他观众$2)，每周至少有一、两部强档影片。电影播放档期与节目表可参考网站：

http rha.msu.edu/oop/campus_center.php

周末看电影若还不够，Union地下室还可以打保龄球和撞球，Munn Ice Arena还有教溜冰的课程，8堂课$75，并提供溜冰鞋租借(一堂课$1)，咨询电话：3537263。

此外，校外也有几座购物中心可逛。例如：

★Meridian Mall

✉ 1982 W. Grand River Ave, Okemos

★Frandor Shopping Center

✉ 300 Frandor Avenue Lansing

★Eastwood Towne Center

✉ 3003 Preyde Blvd, Lansing

★Lansing Mall

✉ 5330 West Saginaw Highway, Lansing

圣路易斯市

圣路易斯华盛顿大学

Washington University in St. Louis，简称Wash U

城市：圣路易斯市(St. Louis City)
州：密苏里州(Missouri State)
吉祥物：熊
代表色：红色和绿色

体验典型的中西部生活

非圣路易斯市莫属；

体验美国式大学青春，

就在圣路易斯华盛顿大学。

作者 吕淳钰

院系：圣路易斯华盛顿大学博士

Washington University in St. Louis
St. Louis, Missouri, United States of America(USA)

Wash U

圣路易斯市 & 圣路易斯华盛顿大学

气温从24℃降到－3℃，需要多长时间？在美国中西部的圣路易斯(St. Louis)，不需要3个月，也不需要3个星期，只需要3天！这里是典型的中西部的天气，在极短的时间内变化多端；前两天也许还穿短袖，再过一天就得穿着雪衣出门了。有“中西部的哈佛”之称的圣路易斯华盛顿大学建校于1853年，为了与将近20所以美国国父华盛顿(Washington)命名的大学区分，在1976年正式将校名加上所在地“St. Louis”，然而，它却超越了地域界线，成为美国学生的首选高校之一。

校园内纪念华盛顿的铜像。

学校简介

圣路易斯华盛顿大学(Washington University in St. Louis, 简称Wash U)位于密苏里州圣路易斯市与圣路易斯郡交界处，也许是历史的偶然，Wash U的建校，与哈佛大学略有关系。19世纪50年代的圣路易斯是中西部崛起中的城市，人口逐渐增多，财富开始累积，于是人们感觉到高等教育的必要性。1853年，以魏曼·克洛(Wayman Crow)为首的一群商人兼政治家提议创设高等教育机构，最初命名为艾略特神学院(Eliot Seminary)。“艾略特”指的是一位名叫小威廉·艾略特(William Greenleaf Eliot Jr.)的牧师，在当时的密西西比河以西声望极高，爱默生(Ralph Waldo Emerson)曾称之为“西部圣人”。艾略特来自波士顿，毕业于哈佛神学院，在西部拓垦时期立志深入西部、教化人心。克洛对艾略特的想法与行为大为倾心，因此将学校命名为艾略特神学院。

四方广场一角，宛若中世纪古堡。

四方广场的雷吉利楼。

雪后的校园，静谧而安详。

校园的年度慈善游园会，旨在救助贫困儿童。

校园一角美丽的枫树。

小威廉·艾略特对于学校以他的名字命名一事并不以为然，虽然身为神职人员，但他认为宗教教育与一般高等教育不应相提并论，认为他的名字为会学校带来宗教色彩。他唯恐这样的宗教色彩对于高等教育有不良影响，因而他提议将学校校名改为华盛顿学院(Washington Institute)；1857年校名正式改为华盛顿大学(Washington University)，学校格局因而大开。

建校之初，校址设在圣路易斯市区，学生自由穿梭于街市之间。19世纪末期，圣路易斯市是美国第四大城市，交通发达，商贩络绎不绝，曾经是中西部最为繁华的大都会，一派富裕繁荣的景象。随着城市的逐渐发展，Wash U的学生们与教授们开始发现自己必须在脏乱的商业区中，穿越各种沙龙、妓院去上课，而满街吵闹的货车及其他各种车辆更让教室与实验室震动不已。他们开始要求在市郊寻找一处开阔的、有着新鲜空气与充足日照的地方来作为新校址。1894年，校董会终于选择了市郊一处山丘地作为新校址，并开始建设。

同时，1904年圣路易市凭借充沛的资源，举办了圣路易斯世界博览会(Louisiana Purchase Exposition)，除了美国本土各州之外，更吸引了世界62国参展，这也是迄今世界上最大的博览会之一。Wash U当时的校长罗勃特·布鲁金斯(Robert Brookings)将新校址的全新建筑物租给了圣路易斯世界博览会公司，作为这次博览会的总部。同年，圣路易斯市也主办了美国境内第一次现代夏季奥运会，Wash U的新体育场则是奥运会的竞技场之一。1905年之后，校区正式由圣路易斯市区迁到举办过世界博览会与奥运会的现校址，也就是现今的丹佛斯校区(Danforth Campus，旧称Hilltop Campus)。因此，Wash U见证了圣路易市曾经的繁华美好，但也在城市边缘见证了大城市衰落的过程。

尽管圣路易斯已从全美第四大的大城市成为全美第十八大的城市了，但Wash U却是蒸蒸日上，吸引了大批美国与世界各国学子前往就读。每年开学之后，校园里穿梭如织的大学生，为城市增加了不少人气，他们的青春活力也成为校园美丽的景观之一。

中国留学生在Wash U也相当不少。走在有着百年以上历史的校园里，有时候听到熟悉的中文，格外亲切。城市虽不大，学校格局却很大气，因此，游美国中西部时，不妨到Wash U体验东岸与西岸之外的另一种学院风情。

学校交谊厅内同学们在讨论功课。

学校声望 & 杰出校友

Wash U的毕业生成就颇佳，比如，著名的出版人康泰·纳士（Condé Nast），毕业于1897年，成立Condé Nast出版公司，旗下拥有如今美国最著名的几份杂志，如*The New Yorker*、*GQ*、*Bon Appétit*、*Condé Nast Traveler*、*Glamour*与*Architectural Diges*，等等。

Wash U的学风与东岸或西岸各名校相较之下，更为严谨；按部就班的风格，让该校在全美的排名始终紧追常青藤盟校不放。2007年*US News & World Repor* 的调查中，该校的大学部评价与康奈尔大学(Cornell University)共同名列全美第12名；医学院(School of Medicine)与社工学院(George Warren Brown School of Social Work)更是分别排名全美第四与第二。

草坪上同学们在嬉戏，好个校园活力的展现。

如何到达圣路易斯华盛顿大学

可搭乘飞机到圣路易斯兰伯特国际机场(St. Louis-Lambert International Airport)，由此前往主要校区丹佛斯校区或医学院校区，两个校区中间隔了森林公园(Forest Park)。

1 开车

由I-70 East公路转I-70公路往南，Delmar Bvld.出，往东，遇Big Bend右转，遇Forsyth Blvd.左转，校园在左侧。

2 大众交通工具

自机场转搭地铁(MetroLink)至Skinker站或U-City/Big Bend站下车，即可到达主要校区丹佛斯校区，所需时间约20分钟。至于著名的医学院校区，则可搭乘地铁至Central West End站。

欢迎来到Wash U。

有用的相关网站

学校官方网站：
www.wustl.edu
圣路易斯华盛顿大学中国学生学者联谊会
http://cssa.grad.wustl.edu
校区附近的大众运输工具：
www.metrostlouis.org

圣路易斯华盛顿大学7大美景

1.布鲁金斯大楼 Brookings Hall

2.布鲁金斯四方广场 Brookings Quadrangle

3.伊德楼 Eads Hall

4.欧林图书馆 Olin Library

5.格兰汉大礼堂 Graham Chapel

6.法兰西斯体育场 Francis Field

7.坎伯美术馆 Mildred Lane Kemper Art Museum

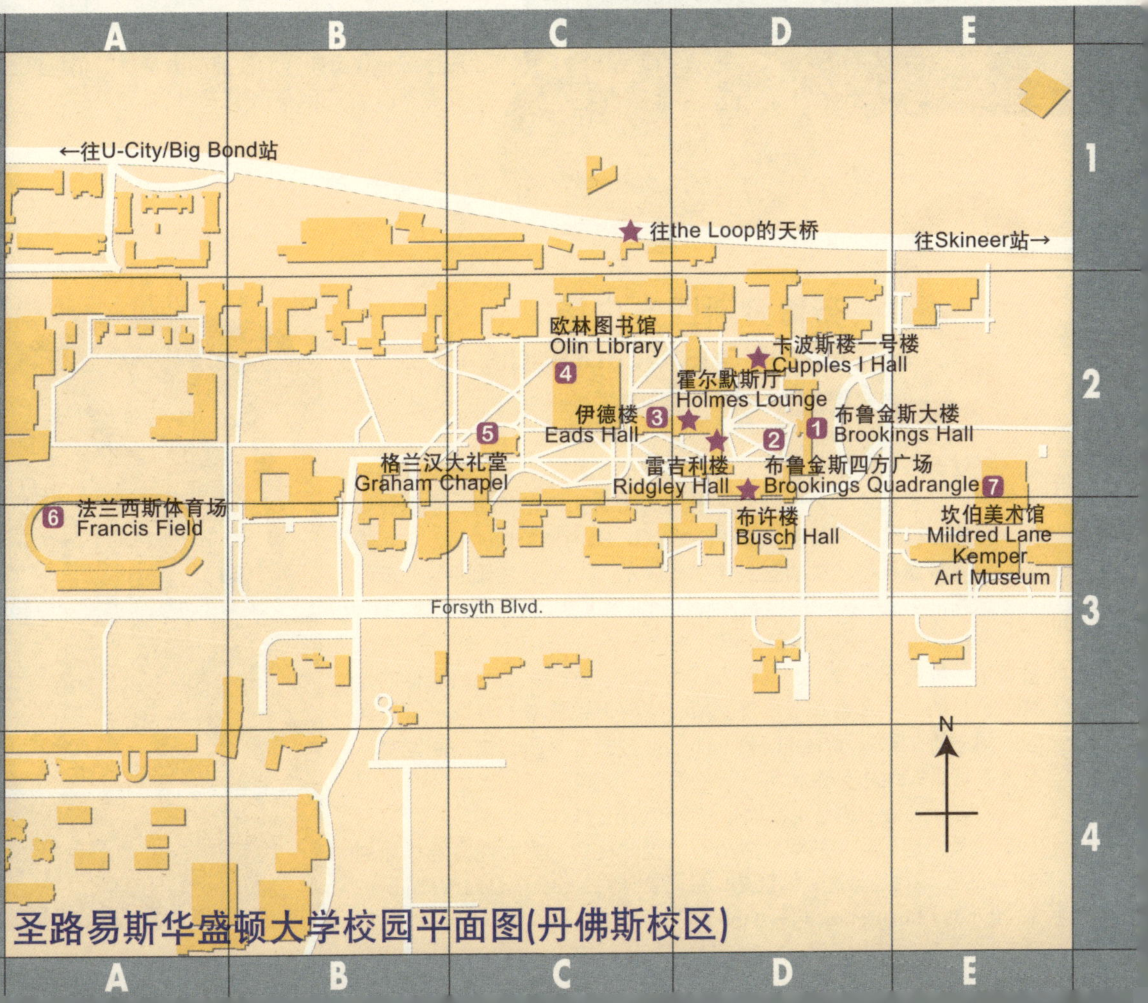

圣路易斯华盛顿大学校园平面图(丹佛斯校区)

像是堡垒一般的两座门厅高塔，守卫着Wash U的学术传统与青青子衿。

Top 1 布鲁金斯大楼 Brookings Hall MAP:D2

向一般游客免费开放
全日开放

走出地铁Skinker站，穿越一大片停车场，就来到Wash U的“门面”、整个学校的中枢——布鲁金斯大楼。该大楼原名大学楼(University Hall)，建于1901年，是Wash U的行政中心，也是当年世界博览会的总部所在地；1928年重新命名为布鲁金斯大楼，以纪念校长罗伯特·布鲁金斯。大楼前的大阶梯，仍然保留着那种迎接“万国”的宏伟气派。

墙上刻有Washington University 1857。

Top 2 布鲁金斯四方广场 Brookings Quadrangle

MAP:D2

向一般游客免费开放
全日开放

穿过堡垒般的布鲁金斯大楼，来到布鲁金斯四方广场。在此广场的四周有着Wash U丹佛斯校区最有历史的几栋建筑物，它们被称作该区的心脏地带。左侧的布许楼(Busch Hall)建于1900年，是新校区的第一栋建筑物。最初它是化学实验室，今天则是亚洲与近东语言文学系、东亚研究、历史系、女性研究等系所办公室所在地。

与布鲁金斯大楼平行的是雷吉利楼(Ridgley Hall)，建于1902年，最初是学校的图书馆，也是四方广场上唯一英国文艺复兴风格的建筑；长长的圆拱廊柔和了布鲁金斯大楼的尖锐造型。附属于雷吉利楼的则是霍尔默斯厅(Holmes Lounge)，过去曾是图书馆的阅览室，今天则是供Wash U师生休息、放松的宽广空间。

四方广场的右侧是卡波斯一号楼(Cupples I Hall)，建筑物上方有一个日晷，是1908年的毕业生赠与学校的礼物，上面饶有趣味地刻着一句话：“我是日影，你也是；我记录时间，你呢？(I am a shadow / So art thou / I mark time / Dost thou?)”

Top 3 伊德楼 Eads Hall MAP:C2

$ 向一般游客免费开放
全日开放

伊德楼的命名，是为了纪念横跨密西西比河的伊德大桥(Eads Bridge)的设计者工程师詹姆斯·布坎南·伊德(James Buchanan Eads)。它曾经是物理系的系馆，也是许多具有前瞻性的研究成果的诞生地。诺贝尔物理奖得主亚瑟·霍莉·康普顿(Arthur Holly Compton)于20世纪20年代就是在这里完成了他的获奖研究，亦即X光的“康普顿效应(Compton Effect)”的实验。经过内部的整修改建，现今的伊德楼是Wash U的计算机中心、写作中心、教学技巧研究中心，也是教学设备最为先进的教学大楼。

建筑风格古色古香，却是最先进的科学教学大楼。

(左上)雷吉利楼(Ridgley Hall)。

(右上)四方广场的设计理念与英伦的牛津、剑桥大学的中世纪传统相同。

(右下)卡波斯楼外墙上异常精致的雕刻细节。

beautiful view

外观像个外星人宇宙战舰的欧林图书馆，是整个丹佛斯校区的中心，也是其最醒目的建筑之一。

Top 4 欧林图书馆 Olin Library MAP:C2

$ 向一般游客免费开放
周一～周四07:30～次日02:00，周五07:30～20:00，周六09:00～22:00，周日10:00～次日02:00。

欧林图书馆是Wash U的总图书馆，也是校园中大学生最常光顾的地方。Wash U的第一座总图书馆是1907年成立于雷吉利楼的大学图书馆(University Library)，随着藏书量的增加，大学图书馆逐渐不敷使用，因而于1962年成立欧林图书馆，作为新的总馆，堪称20世纪学院图书馆的典范。而欧林图书馆在20世纪末再次面临面积不足的问题，遂于2001年展开翻新、重建。

除了扩大图书馆面积、增加电脑设备之外，翻新时还建造了一个灯笼形状的透明天井，以使日光自然照射到建筑物中，让原本冷酷机械感的图书馆外观之内，有了自然的温润色泽。除此之外，还增建了细语咖啡厅(Whisper Café)，销售咖啡、饮料、三明治、贝果(Bagel)、沙拉等简单食品。舒适的沙发座位、明亮的采光、便利的无线上网，以及轻松的氛围，吸引了许多大学生在这里讨论功课、谈天说地，或者和教授见面讨教。而这里还有校园中少数从早餐时段到晚餐时段皆有营业的餐厅，对于把图书馆当家的学生来说，特别便于果腹。一般游客逛校园累了，也不妨在这里稍事休息，补充元气。

Top 5 格兰汉大礼堂 Graham Chapel MAP:B4

$ 视活动内容而定
视活动内容而定

格兰汉大礼堂坐落于欧林图书馆的斜后方，每当太阳升起或西落之际，上方尖塔的倒影显露出一种中世纪的庄严。落成于1909年的格兰汉大礼堂，有着教堂的外观，但这里几乎不举行宗教仪式，而是全校性活动如音乐会、演讲等的举办地点。比如，2006年诺贝尔文学奖得主奥尔罕·帕慕克(Orhan Pamuk)便在他前往瑞典领奖之前，在这里演讲，吸引Wash U全校师生以及圣路易斯市附近爱好文艺的人士蜂拥而至，争睹文学大师风采。

格兰汉大礼堂最显著的特点，莫过于与建筑外观同样具有中世纪风情的彩色玻璃窗。玻璃窗描述了所罗门王献上圣殿的故事。彩色玻璃的底座上刻着圣经中的句子:“愿主与我们同在，像和我们的先祖同在一样，使我们的心归向他，行他的道，守他的诫。”格兰汉大礼堂正是以成为学问的、人类文化的圣殿作为其目标。在美丽的彩色玻璃的下方，有一块木制嵌板，上面刻着“创造世间永恒的音乐”(To make undying music in the world)，与大礼堂中整修过的管风琴相互辉映。也因为格兰汉大礼堂设有管风琴，难得一见的管风琴音乐会多次在此举行。

格兰汉大礼堂是许多重要的全校性活动的举办地。

Top 6

法兰西斯体育场
Francis Field

MAP:A3

$ 向一般游客免费开放
全日开放

从格兰汉大礼堂出来，穿过大型停车场与商学院，在奥林匹亚路(Olympian Way)的后方，就是著名的法兰西斯体育场。这里曾经是1904年第三届现代奥运会的田径赛场，也是1984年及1996年奥运圣火经过的地点，已登记为历史景点。始建于1902年，法兰西斯体育场的看台是率先采用混凝土技术的体育场之一。除此之外，这里还是Wash U的橄榄球队与男女足球队的比赛场。Wash U的吉祥物是熊，因此可以在各种运动比赛当中看到一只大熊的形象，在场边为Wash U的各式球队加油。Wash U的体育校队如排球队、女子足球队、男子篮球队等，在全美各大学联盟如NCAA中均获得过不错的成绩。

(上)现代化体育场的入口都有着犹如中古古堡式的森严。
(下) 球队正在球场上练习。

Top 7

坎伯美术馆 MAP:E2
Mildred Lane Kemper Art Museum

$ 向一般游客免费开放
周一、三、四、六、日11:00～18:00；周五11:00～20:00，周二休馆

坎伯美术馆位于总校区门户布鲁金斯大楼的外围，乘地铁至Skinker站可抵达。虽然坎伯美术馆直至2006年才完工开放，但Wash U对于艺术品的收藏却可以追溯到1881年。此美术馆的收藏以19世纪、20世纪以及21世纪的欧美当代艺术品为主，包括绘画、雕塑、印刷、装饰艺术与摄影作品，被誉为美国学院美术馆中当代艺术收藏最为丰富的美术馆。其中现代主义的各艺术流派，如立体派、表现主义、超现实主义的作品，是坎伯美术馆的重要收藏品。为大众所熟知的画家，如毕加索(Pablo Ruiz Picasso)、马蒂斯(Henri Matisse)、德加(Edgar Degas)等人的作品，均能在此欣赏到。

美术馆入口处的美丽雕塑，美术馆免费开放，游客可多加利用。

圣路易斯华盛顿大学周边吃喝玩乐

美食餐厅

在Wash U附近步行范围内，the Loop是最具活力的吃喝玩乐区，也是Wash U的学生们闲暇之际最喜欢去消费的地方。从欧林图书馆侧面的通道，经过卡波斯2号楼(Cupples II Hall)与劳德曼楼(Louderman Hall)中间的小径，走过天桥，这是通往the Loop最快的捷径。通过天桥往前走，大约10至15分钟后，抵达迪尔玛大道(Delmar Boulevard)，在马路的左右两侧便是圣路易斯市著名的娱乐区the Loop。

在the Loop有许多餐厅，美国、日本、泰国、埃塞俄比亚、中东、希腊、意大利、墨西哥、中国……各种不同风味的料理随处可见。许多餐厅还有现场的音乐演奏，尤其是周末的夜晚，气氛十分轻松愉快。此外，the Loop上还有多家二手CD店，喜欢音乐的人千万不要错过。

在迪尔玛大道上有一家电影院Tivoli Theater，为喜欢好莱坞电影以外的各国电影的影迷提供了一个好去处。另外，二手服饰店、漫画专营店、香烟专营店、冰激凌店、珍珠奶茶店、保龄球馆，以及星期四、五、六才有的传统市场(Farmer's Market)，位于The Market in the Loop之后，也是不容错过的有趣集市。

Tivoli Theater是看电影的好去处。

The Loop的街景，颇有过节的欢乐气氛。

1 Blueberry Hill 蓝莓山丘

6504 Delmar Blvd., St. Louis

在the Loop上，最具代表性、人气最旺的餐厅莫过于蓝莓山丘了。这里最著名的是现场音乐演出，以及平民化的美式食物。每到周末，这里便挤满了Wash U的学生、附近的居民，以及许多慕名而来的观光客。除了远近驰名的现场热门音乐、摇滚乐团演奏之外，街角的橱窗也是蓝莓山丘颇为引人入胜之处。橱窗根据季节、时间、人物、音乐、趣味性等设置不同的主题展出，例如复活节时展出可爱的兔子与彩蛋，万圣节时展出可怕却有趣的鬼魅与南瓜，黑人民权领袖马丁·路德金纪念日时便展出他的肖像，夏季展出奇妙的“火鹤的飨宴”等。此外，一年当中有几天还会安排真人在橱窗中现场演奏，非常有趣。若对现场音乐演奏没有特别的兴趣，可以射射飞镖、打打弹珠台，或者闲散地喝杯特选啤酒，度过一个轻松的夜晚。

爱荷华市

爱荷华大学

The University of Iowa, 简称UI

城市：爱荷华市(Iowa City)
州：爱荷华州(State of Iowa)
吉祥物：隼(Herky the Hawk)
代表色：黑色与深金色

春兔、夏萤、秋蝉及冬雪，

彩绘出我在UI开垦学术的生活。

院系：心理与量化基础系教育心理组博士班，
2010年毕业

作者 郭奕龙

摄影 林奕廷、郭奕龙

The University of Iowa
Iowa City, State of Iowa, United States of America(USA)

UI

Iowa City & The University of Iowa

爱荷华市 & 爱荷华大学

麻雀虽小五脏俱全，爱荷华大学虽是位于玉米州(Corn State，爱荷华州的别称)的大学城，但无论就学校的历史感、生活与交通的便利性、四季分明的美景，还是学术声望而言，均值得一探。若喜欢轻松自在地优游漫步于大学校园之中，却又厌倦车水马龙、人声鼎沸的大城市；若期盼在清早起床时，映入眼帘的是火红的枫叶，或是傍晚返家时有遍地的萤火虫为伴，却又奢望有如大都市般的生活便利，那爱荷华大学绝对是你理想的求学或旅游之地。

Calvin Hall。Office of Admissions的所在地，也是有志留学UI的同学所必须熟悉的第一个建筑，申请入学的文件均须寄至此地。

学校简介

甫踏进校区的刹那，映入眼帘的不是一座刻着校名的雄伟校门，亦非片片令人窒息的围墙，而是一栋矗立在城市之中、二层楼高并冠以金色圆顶的乳白色建筑。这里是爱荷华州于1846年底建州时的州议会所在地。

1847年2月，爱荷华大学(The University of Iowa)于此建校，1855年始开始招生授课，授课地点即是位于州议会邻近处的大楼(现称Seashore Hall)，当时仅有9个系，共计124名学生。1857年，爱荷华州议会迁至距离爱荷华市1.5小时车程的Des Moines市后，该栋建筑便成为爱荷华大学的地标，俗称“Old Capitol”。也因为有如此特殊的历史渊源，爱荷华大学与爱荷华市的发展紧紧交扣，进而成为“城市中有大学，大学中有城市”的大学城。

这不仅是一所致力于教学、研究与服务的综合型公立大学，招生过程中，更是全美第一所强调男女平等的公立大学。2007～2008学年度，招收学生34 409名，女性学生所占比例超过52%。不过国际学生在该校算是少数群体，仅占6.5%。

传统与现代的学校建筑错落分布在校园的各个角落，等待有缘人的到访。

学校声望&杰出校友

作家 聂华苓、余光中、白先勇

云门舞集创办人 林怀民

在具公信力的《美国新闻与世界报道》(*U.S. News & World Report*)在2009年所做的全美研究所排名中，爱荷华大学在全美公立大学研究所排名中有23个系所位居全美前10名。无论公私立大学，其“老人病学”、“护理行政”、“医师助理”、“语言病理学”等四研究所课程均为全美第一。由知名华人作家聂华苓与其先生、诗人Paul Engle共同创办的国际写作课程(International Writing Program)也是全美首屈一指的写作课程，许多知名的中西作家均曾驻足于此。就美国中西部而言，爱荷华大学在医学、文艺及教育等领域均具极高声望。

此外，3位普利策奖(Pulitzer Prize Winners)得主唐纳德·R·费德（Donald R.Justice）、简斯迈利（Jane Smiley）、迈克尔·F·托纳（MichaelF. Toner），还有美国大学入学考试测验公司(American College Testing，ACT)创办人之一E.F.Linquist、研究精神分裂与创造力关系的知名学者南希·安卓森（Nancy Andreasen）、《星舰迷航记》(*Star Trek*)系列第2集与第4集的导演尼吉拉斯·迈耶（Nicholas Meyer）及《超人再起》(*Superman Returns*)的男主角布兰登·罗素 (Brandon Routh)也均为本校杰出校友。

校园生活

到爱荷华大学除了感受学术的氛围外，一定要选择性地参加当地热门的学生活动，让自己成为爱荷华大学大家庭的一员。举例来说，爱荷华大学在美国中西部是Big Ten联盟(Big Ten Conference)之一。Big Ten 联盟共有11所学校参加(若您把Ten这个字拿远点看，在T字母两边空白处可看出11)，参与此联盟的学校往往会在体育活动与学术活动上竞争，互不相让。自1900年入盟以来，爱荷华大学在橄榄球(Football)比赛中曾拿过9次冠军，在学术表现上也毫不逊色。

橄榄球季始于每年9月，无论师生或城市居民对此运动均十分热衷。每逢周六都可看见学生们三五成群或者居民全家大小一同穿着代表学校的黑色或金色的运动服前往金尼克体育馆（Kinnick stadium）为本校橄榄球队加油，打招呼的方式不再是“How are you?”，而是“Go Hawkeyes!”或“Go Hawks!”要是您事前先上Youtube学唱“Iowa Hawkeyes - Fight Song”，保证赢得如雷掌声。去看足球赛当天，记得早点出门，路上通常都会堵车，当您看到路边或停车场停满旅行车(Recreation Van)时，别怀疑，这些人都是前一夜即远道而来帮爱荷华大学加油的。切记衣服要穿对颜色(黑色或金色)，要是穿着代表敌方学校颜色的衣服，可能很容易获得许多“关爱的眼神”，甚至会被学生恶整哟!

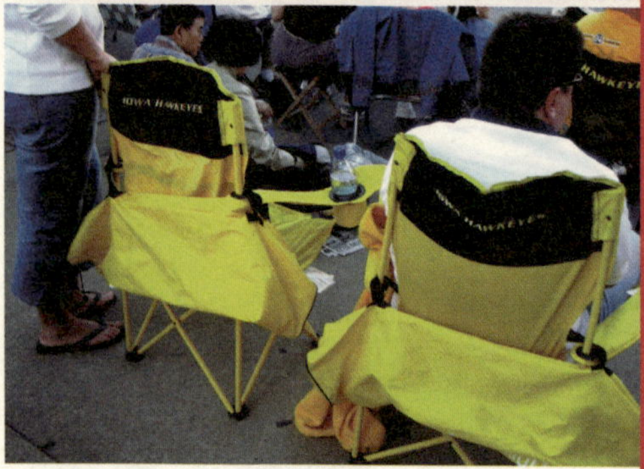

此外，每年9月会有为期一周的年度校友返校活动(Homecoming)，当周除了一连串的户外电影、音乐会、夜间体育活动、免费比萨及BBQ外，周五傍晚的校友返校游行(Homecoming Parade)更掀起返校活动周的高潮。除了校长带着学校主管及知名杰出校友游行外，由学生选拔的校园“国王”与“王后”也会并列队伍之中，鼓号乐队及爱荷华市中小学生的游行表演亦常博得满堂彩。这一系列的校友返校活动不仅是学校凝聚校友向心力的方法之一，更能使在校生与毕业生有进一步接触的机会。游行活动大约从下午5:30后开始，但早在一两小时前，许多学生或民众已经占了路边视野最佳的位子，静待欣赏游行演出。若要带小孩参加游行或想在游行时拿点小纪念品，就一定要记得早点出门，否则可能会空手而归。

为配合游行，路上交通都会进行管制，若非必要，尽量搭乘校园公车前往。游行时间约1小时，之后别急着回家，慢慢散步到Old Capitol前找个位子欣赏露天的音乐会吧！

如何到达爱荷华州立大学

若搭飞机到爱荷华大学，一般来说都必须在大城市(如洛杉矶、芝加哥或底特律等)转机至The Eastern Iowa Airport机场(机场代码CID)，再由以下两种方法抵达校园：

1 开车

沿27/380号高速公路往南至爱荷华大学，车程约30分钟。

2 机场民营小巴士 Shuttle

可送您至爱荷华大学的任何一个角落，单程约$30。可于机场行李提领处旁看到民营小巴士柜台，现场登记搭乘，或事先上网预约。搭乘地点就在行李提领处最近的机场出口，十分便捷。

3 校内交通

初抵爱荷华大学，频繁且路线多元的免费校园公车(Cambus)将会是您校园巡游的好帮手。只要凭着心情，随兴地搭上任一班车，最长1小时内可以绕回原点。此时不妨放下紧握的地图，就让公车开到哪儿玩到哪儿。当您看到既年轻又亲切的校园公车司机时，可别讶异，他们可都是爱荷华大学的学生噢！

有用的相关网站

学校官方网站：
www.uiowa.edu
爱荷华大学中国学生学者联谊会：
www.uiowa.edu/~cssa
机场民营小巴士：
www.eiairport.org/parking/shuttle.shtml

爱荷华大学9大美景

1.前州议会大楼／历史博物馆 Old Capitol Museum
2.总图书馆 Main Library
3.学生活动中心 Iowa Memorial Union
4.前州议会商场 Old Capitol Mall
5.自然科学博物馆 Museum of Natural History
6.老砖头教会 Old Brick Church
7.爱荷华市公园与爱荷华河 City Park and Iowa River
8.汉澈勒表演厅 Hancher Auditorium
9.金尼克体育馆 Kinnick Stadium

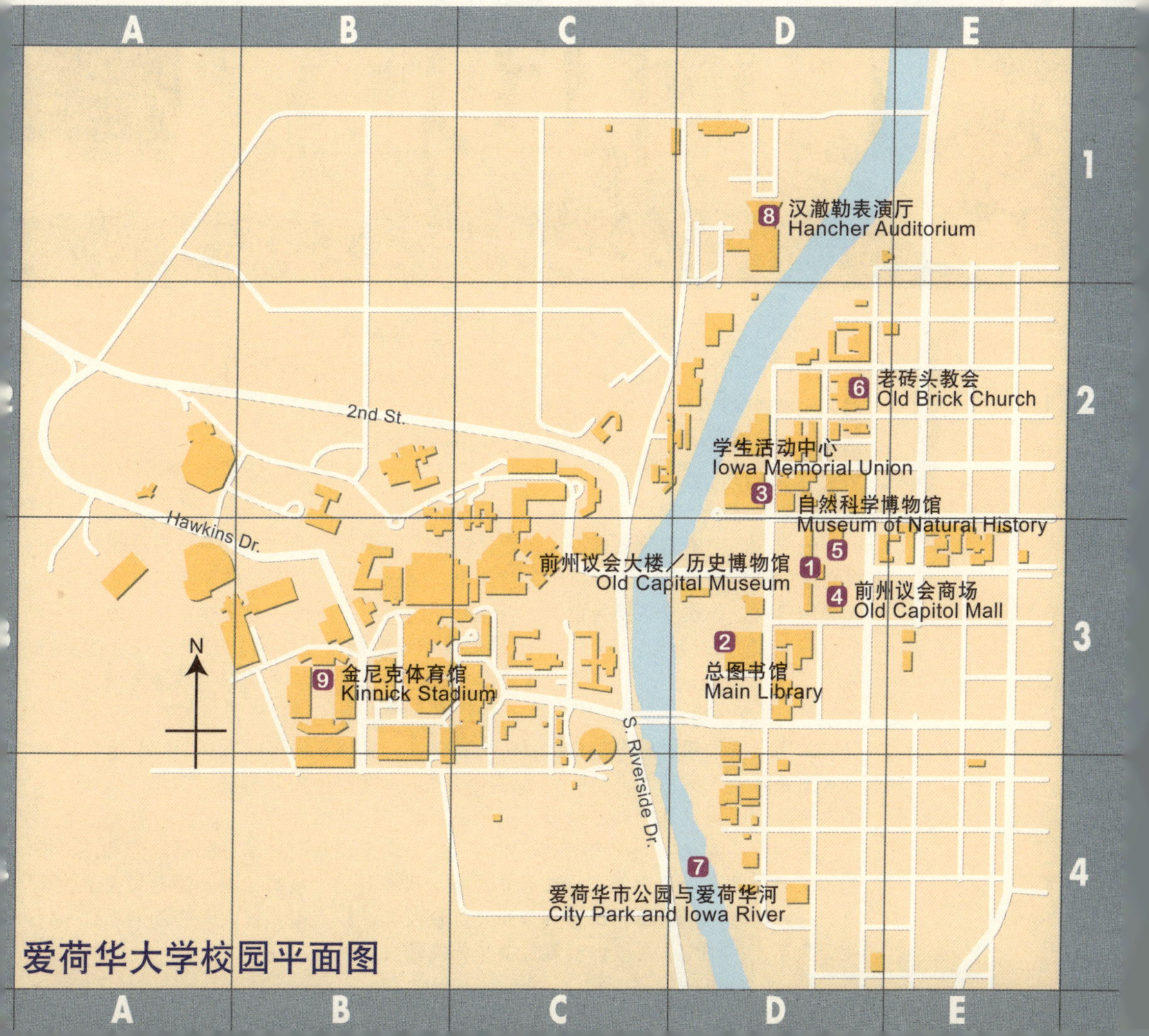

Top 1

前州议会大楼 / 历史博物馆 MAP:D3

Old Capitol Museum(常简称Old Capitol)

- 此历史博物馆提供团体导览服务，可提前预约
- $ 免费
- 周二、三、五10:00～15:00；周四、六10:00～17:00；周日13:00～17:00；周一与法定假日公休
- 可搭乘免费校园公车至IMU、Schaeffer Hall或Macbride Hall站；若自行开车前往，车可停在N Clinton St. 旁的投币式停车位。
- http www.uiowa.edu/~oldcap/index.shtml

美国知名学府的著名景点大多都是钟楼，而爱荷华大学则以平日高悬国旗与州旗之金色圆顶的前州议会大楼作为校园第一标志性建筑。在橄榄球赛当日或全校性大型庆典时，州旗会更换为校旗，以凝聚“民心”，进而提升全校精神动力。

前州议会大楼建于1840年，是爱荷华市最老的建筑。当1857年州议会迁至得梅因（Des Moines）市时，此大楼便由州议会赠与爱荷华大学作为教学之用。过去150多年的岁月里，该大楼曾为政府办公处、图书馆、礼拜堂及学校教学场所，今日则为历史博物馆及校内演讲或接待贵宾之处。大楼东面广场常在特殊节庆时，举办大型音乐会；大楼西面台阶则可俯瞰爱荷华河及西岸校区全貌，因此，此处不仅是学生及社区民众休闲的好地方，更是游客驻足拍照的热门景点之一。

前州议会大楼内的历史博物馆主要以还原前州议会时期的办公场景为主，一楼为州长办公室、审计办公室、财务办公室、州图书馆、最高法院、爱荷华大学校长办公室、纪念品销售部；二楼则为州参、众议会。步入前州议会大楼的刹那，不仅有亲近历史的感觉，更能体会到爱荷华州的伟大之处。

Top 2 总图书馆 MAP:D3
Main Library

周一～周四07:30～次日2:00，周五07:30～22:00，周六10:00～22:00，周日11:00～隔日02:00
可搭乘免费校园公车至Main Library站；若自行开车前往，车可停在图书馆南面停车场的投币式停车位
www.lib.uiowa.edu

一所大学的学术水准，可从图书馆功能及藏书量观之。爱荷华大学图书馆从1855年的50本藏书发展至当今共超过400万册藏书散于总图书馆及校园内10座分馆，2006～2007年度更有高达约2 000万美元的来自州政府的预算及将近90万美元的捐赠来维持图书馆的运作。

爱荷华大学图书馆建于1855年，但历经多次搬迁及火灾后重建，现今五层楼的总馆其实建于1949年，并于1951年竣工。图书馆一楼除摆设新书之外，北面大厅每个月均有不同的主题展。和许多大学图书馆一样，一楼Information Arcade提供多媒体教学及服务，二楼有电脑中心可供学生学习之用。最特别的应属三楼的特殊馆藏区，有近20万册从15世纪至今的稀有书籍，超过800份从中世纪至今的手稿，其中包含诗人沃尔特 · 惠特曼(Walt Whitman)的作品，法国大革命、美国南北战争等相关一手资料均在其中。

此外，总馆外的北面广场有一空心柱状艺术品，上面镂刻着王羲之的《兰亭集序》，柱中有灯，夜间灯亮时，兰亭集序一文随灯以弧状拓印在广场之中，令人赞叹不已！

Top 3 学生活动中心 MAP:D2
Iowa Memorial Union (IMU)

无特定开放时间
可搭乘免费校园公车至IMU站；若自行开车前往，车可停IMU东边停车场
www.imu.uiowa.edu

若您造访校园后，想买些学校的纪念品回家；或是在校园逛累了，想在河边惬意地喝杯咖啡、吃小点心，那么学生活动中心当属您最佳的选择。

学生活动中心建于1925年，是一所综合性活动中心，从办学生证、买教科书、购足球赛门票、听学术演讲、上网到用餐、小憩，这里均能满足您的需求。若您仅是来爱荷华大学短期做客，活动中心内的Iowa House Hotel提供价格合理($75～$190)、舒适又便利的住宿条件。值得一提的是，于学期中，学生活动中心会提供“主厨有约”(Lunch With The Chefs)活动，亦即每月的某一天中午让学生及教职员工们以比宿舍餐厅便宜的价格($6)享用具有异国风味且可无限取用的美食佳肴。

Top 4

前州议会商场 MAP:D3
Old Capitol Mall

- 周一～周五10:00～19:00，周六10:00～18:00，周日12:00～17:00
- 可搭乘免费校园公车至Schaeffer Hall站；若自行开车前往，车可停前州议会商场南面停车场
- www.oldcapitoltowncenter.com

前州议会商场营业始于1981年，旧名Old Capitol Center，直至1995年才更名为Old Capitol Mall。此商场紧邻校区，西面为教育学院与工学院大楼，北面则为文理学院大楼(Schaeffer Hall)与校园公车及市公车停靠站汇集处。此商场的特殊之处在于商场内不仅有商业店家，而且还包括许多爱荷华大学的教学研究中心，例如位于二楼的计算机中心(Information Technology Service)，而爱荷华大学之教职员工以及学生就理所当然地成为该商场的消费主力。

Top 5

自然科学博物馆 MAP:D3
Museum of Natural History

- 免费
- 周二、三、五10:00～15:00；周四、六10:00～17:00；周日13:00～17:00；周一与法定假日公休
- 可搭乘免费校园公车至Macbride Hall站，亦可自行开车，车可停在N Clinton St.旁的投币式停车位
- www.uiowa.edu/~nathist/index.html

科博馆分为三大展示区：爱荷华区、飞禽区与哺乳动物区。爱荷华区展示了爱荷华州过去5亿年的地质、生物演化与原住民文化；飞禽区则为美国中西部最大的飞禽资料展示区，包括稀有鸟类在内，共超过1 000种的样本供展示；哺乳动物区除展示动物标本外，最特别的莫过于长达13.72米的北大西洋露脊鲸的骨骼。博物馆内的导览手册提供繁体中文版本。

Top 6

老砖头教会 MAP:D2
Old Brick Church

- 免费
- 周一～周五10:00～16:00
- 可搭乘免费校园公车至Burge Hall站，亦可自行开车，车可停在N Clinton St.旁的投币式停车位
- www.oldbrick.org

这栋全爱荷华市第二老的国家级古迹——老砖头教会，建于1856年，与前州议会大楼一起经历了南北战争及许多大大小小的自然灾害，也记载着爱荷华历史的浮光掠影。

目前教堂不仅作为主日礼拜之用，亦提供社区慈善募捐服务、婚礼场地租借、艺术表演及展览之用。许多爱荷华大学的兄弟会(Fraternities)或姊妹会(Sororities)在学期中或期末也会在此租借场地举办舞会。老建筑必然会有许多灵异传说，老砖头教会的神职人员在万圣节时会特别将教堂内部装饰成鬼屋，带领学生及社区民众一同欢度骇人的“鬼日”。

Top 7

爱荷华市立公园与爱荷华河
City Park and Iowa River MAP:D4

- $ 免费
- ➡ 可搭乘免费校园公车至Park Road站，亦可自行开车，车可停公园内的免费停车位
- http www.icgov.org

位于爱荷华市北方的市立公园与贯穿校园的爱荷华河，是休闲娱乐的好去处。大学城之所以是大学城，就是因为大学早与城市本身融为一体，密不可分。1906年设立的市立公园与爱荷华河虽属政府管理，却是学生们迎新、烤肉、钓鱼及划船的好去处。

公园内林木郁郁葱葱，也有棒球场、表演台、游泳池、小火车、儿童游乐场等多项设施。每到黄昏时刻，总有许多民众沿着河滨散步；或是全家老小出动拿面包到河边喂食成群结队的鸭子。

Top 8

汉澈勒表演厅 MAP:D1
Hancher Auditorium

- $ 免费
- 周一～周五10:00～17:30；周六11:00～15:00(若表演在周六，则延长营业时间至20:30)；若表演在周日举办，售票口的营业时间则为13:00至表演开始；每逢夜间表演，售票口将会延长营业时间至20:30
- ➡ 可搭乘免费校园公车至HaVncher Auditorium站，也可自行开车，车可停Hancher Auditorium旁免费停车位
- http www.hancher.uiowa.edu

想看百老汇音乐剧《发胶明星梦》(Hairspray)，还是《窈窕淑女》(My Fair Lady)，或是《吉屋出租》(Rent)？身处爱荷华大学最现代豪华的汉澈勒表演厅中，就可尽情享受如此精彩的演出。

每个年度(9月到次年5月)的表演均会公布在网络上，并接受网络订票。热门的表演均要在两三个月前预定才有理想的位置。爱荷华大学十分鼓励学生参与文艺表演活动，因此大多数于汉澈勒表演厅的演出，在所限定的观赏区域，均可凭学生证享受每张票$15的优惠。若想购买更好的位置，凭学生证亦有9折优惠。

除了音乐艺术表演外，校内许多重要庆典，如毕业典礼或中小学资优生认证典礼等，均选在此处举办。

Top 9

金尼克体育馆
Kinnick Stadium
MAP:B3

- $ 免费
- ➡ 可搭乘免费校园公车至University of Iowa Hospitals and Clinics站，亦可自行开车，车可停Kinnick Stadium旁的免费停车位
- http hawkeyesports.cstv.com/facilities/iowa-kinnick-stadium.html

每年9～11月橄榄球季的周末，当主场在爱荷华大学时，金尼克体育馆将瞬间聚集全爱荷华州甚至中西部的球迷到此为橄榄球队呐喊、加油！体育馆旁的停车场早在比赛前一天即停满各式大小长短的车辆，观众赛前的娱乐活动则是在体育场四周烤肉吃喝、玩飞盘或橄榄球等(Tailgating activities)，不畏风雨，从日出玩到日落。

爱荷华大学周边吃喝玩乐

行人商圈Ped Mall

Ped Mall虽然也称作“Mall”，但与其说它是一个商场，不如说它更像一个商圈。紧邻着前州议会商场，Ped Mall带给人洋溢奔放的活跃生活。Ped Mall顾名思义即是行人专属，无论白天黑夜，均可拖着慵懒的身躯在这商圈的任何角落闲逛。炎炎夏日往往可见一群可爱的小朋友在商场的喷水池中戏水，或是年轻学子在水池旁的冰店消暑；此外，即兴的街头表演与每周五傍晚时分的夏季露天音乐会也是不可或缺的特色之一。

来到爱荷华大学，一定要趁着周末晚间，到Ped Mall中的餐厅或是Pub店去感受疯狂的夜生活。在爱荷华市中心的Pub里，眼前所见尽是学生们课后放松的轻快舞步、把酒言欢，或是一同高歌为次日的橄榄球赛加油。这里的Pub十分安全，先不论饮酒环境的透明度，首先进门时必须通过严格检查关卡。一间Pub往往有两三位守门人等着您出示有照片并可辨识年龄的身份证件，若您小于21岁，很抱歉，晚上10点以后禁止进入Pub，即便在晚上10点以前也无法买酒。

- 依各店家营业时间而定
- 可搭乘免费校园公车至Schaeffer Hall站，走路约3分钟(在前州议会商场的东边)；若自行开车前往，车可停前州议会商场南面停车场

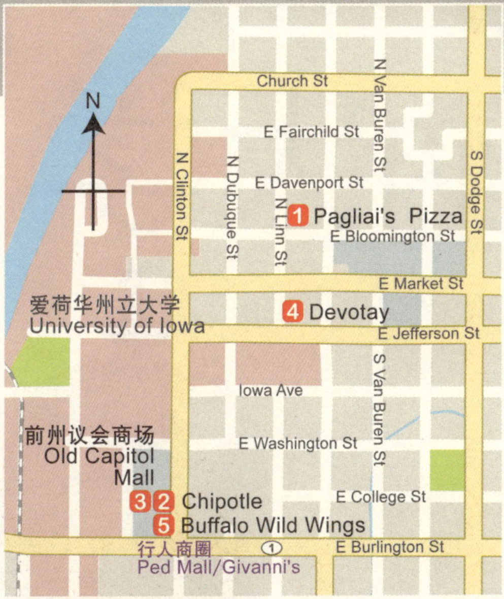

美食餐厅

1 Pagliai's Pizza

302 E Bloomington St, Iowa City
(319) 351-5073
10～14寸的比萨价格$8～$14 (未税)

Pagliai's Pizza是爱荷华市中公认最美味的比萨店。自当地报纸*Press-Citizen*于2002年开始举办年度Best of the Area的评比以来，Pagliai's Pizza于所有比萨店中，已蝉联6届冠军。这家比萨店的特色是脆皮比萨，从制作比萨皮到烤比萨，所有制作流程均透明地呈现在顾客面前，游客可通过窗户欣赏比萨师傅的忙碌场景。虽然身为比萨店中的“魁首”，该餐厅的价格却十分低廉。除了比萨美味可口外，报社记者亦称赞该店环境十分干净卫生，“干净到连掉在地上的食物都可以吃”。

2 Chipotle

201 South Clinton, Suite 112, Iowa City(在前州议会商场内)
(319) 338-1194

它是爱荷华市评价甚高的墨西哥快餐店，位于前州议会商场里，每逢用餐时刻，往往得要排上10～20分钟方能享受美食。这家餐厅的特色在于提供5种不同类型的主餐，当选定主餐类型后，接着选择所喜好的肉食(猪、鸡、牛)或素食，最后再点料加入主餐中即成风味极佳的墨西哥卷(饭)。最特别的是这家餐厅强调“食物里程”(Food Miles)的经营理念，所有食材均由当地农场就近供应。单份价格$5.50～$6.10，由于分量极大，对女士来说还可分两餐吃，经济又实惠。

3 Buffalo Wild Wings

201 Clinton St., Suite 120, Iowa City(在前州议会商场内)
(319) 887-9464

一进这家餐厅，最吸引人目光的即是超过5面的特大号银幕高挂墙上，可以同时看不同的体育台。此时就先别顾形象，点几根不同口味的Buffalo Wings来啃吧！14种不同口味Buffalo Wings绝对可满足您挑剔的需求，外加个Buffalo Round Chip或生啤酒(记得出示有照片的身份证件)，快乐何需远求！每周二Buffalo Wings有特价优惠，每只鸡翅或小鸡腿均$0.41。

4 Devotay

17 North Linn St., Iowa City
(319) 354-1001
主餐每人约在$15～$30

Devotay多次被*Press-Citizen*综合评比为爱荷华市甚至是东爱荷华州的最佳餐厅。无论是正午时刻或华灯初上之际，走进Devotay的刹那，即会被其高雅浪漫的摆设所征服；风味极佳的西班牙美食与礼貌贴心的服务，让许多食客或情侣趋之若鹜。

5 Givanni's

109 E. College St., Iowa City(行人商圈内)
(319) 338-5967
主餐每人约在$17～$26

Givanni's是爱荷华市最棒的意大利餐厅，以牛排、海鲜、猪肉与鸡肉等烹调的意大利式佳肴为主，亦有传统的意大利面。此外，意大利面(Pasta)、面包与餐后甜点也是自家姊妹店Bread Garden的手工制作产品。虽说餐厅内部灯光美、气氛佳，傍晚时分的户外座位也相当值得推荐。面向行人商圈人行道的户外座位设置在人行道区中，不仅可以享受夏日凉风，周五夜间还可享受广场上的音乐表演呢！

布卢明顿市

印第安纳大学

Indiana University Bloomington,
简称IUB

城市：布卢明顿市(Bloomington City)
州：印第安纳州(Indiana State)
吉祥物：无，但Hoosier是印州居民对于印大校友的昵称
代表色：深红色与乳白色

于2009年5月取得教育系硕士文凭，
主修课程为教学以及中学教育。
谨以此书献给大学挚友Amy及男友Henry，
谢谢你们分别从得州及加州带来的温暖和快乐。

作者 潘君玮

院系：2005年12月主修的生物系毕业，
2007年5月辅修的自然科学教育系毕业。

Indiana University Bloomington
Bloomington, Indiana, United States of America(USA)

IUB

布卢明顿市 & 印第安纳大学

相信只要提到美国F1赛车盛事，大家一定对位于印第安纳州的印第安纳波利斯(India-napolis)赛场不陌生。但是，印第安纳波利斯南边约1.5小时车程外有座景色怡人、名为布卢明顿的大学城恐怕鲜为人知。该城市在美国拥有超过20年的“森林城市”美名，处处可见绿油油的大草原以及林立的古老大树。由于风景如画，奥斯卡获奖影片《突破》(*Break Away*)就曾在这个小城市取景，电影中的“Little 500”赛况便是印第安纳大学一年一度的脚踏车盛事。布卢明顿所拥有的人文艺术资源丝毫不逊色于芝加哥、旧金山等大城市，许多专业的百老汇舞台剧制作公司更是以此市为中心点，培训舞台剧演员。

盛开的樱花。

学校简介

位于布卢明顿校区的印第安纳大学创立于1820年，同时也是印州公立大学体系下的主校区。本校占地782公顷，校园内的州立45号铁路将这偌大的面积分为两半，州立45号铁路以北多数为学生宿舍、公寓以及公共设施，铁路以南则遍布各大学院以及办事处。校园内除了富有维多利亚风情和罗马式建筑特色的系所学院外，更有大树林立，让人仿佛置身于童话故事中的古堡后森林，因此印第安纳大学校园享有“全美最美丽的五大校园之一”的美名。春天姹紫嫣红、夏天绿意盎然、秋天落叶纷飞、冬天白雪皑皑的美景定会让你流连忘返。

目前约有4 000名国际学生就读该校，国际学生社团活动非常活跃。校园设施无论是运动还是学术方面都相当完善，运动设备包括现代化的游泳池、网球场、棒球场、足球场以及体育馆等综合设施，学术方面则有近年落成的生化科学实验室，还有丰富的法律、音乐以及人文图书馆研究资料。另外，出色的电脑软硬件与无线网络设备分别获得Intel、Yahoo以及*PC Magazine*极高的评价。

布卢明顿市中心的信息发布板。

学校声望&杰出校友

- 1962年诺贝尔奖得主 詹赠森·沃特森（James Watson）
- 惠而浦总裁 杰夫·费迪格（Jeff Fettig）
- 福特汽车前任总裁 哈罗惠·亚瑟·波林（Harold Arthur Poling）
- Cisco Systems 总裁 约翰·钱伯斯（John Chambers）

有别于其他大学，印第安纳大学并无工学院，但该校的音乐学院、商学院、教育学院以及公共关系学院的硕士、博士课程在美国和国际上均享有美誉。长久以来，与茱莉亚媲美的音乐学院更是享负盛名，曾培育出不少格莱美奖音乐人才。美国2008年权威大学排名榜杂志*US News & World Report*指出，位居第二的公共关系学院与哈佛大学齐名，图书信息学院排名第七，商学院以及教育学院则分别位于前二十名。毋庸置疑，商学院以及教育学院是印第安纳大学内卓越的学术团队。商学院曾被美国商界认定为最佳的商学教学机构之一，著名的学科有市场学和商业经济学。而教育学院每年也保持着数个全美前十名的研究课程，如课程教学、教育行政、小学教育、科技教学以及心理辅导等。

身为“Big Ten”(10大联盟，指美国中西部11所大学组成的体育竞技联盟)成员之一的印第安纳大学在体育界也有杰出的表现，其中以篮球和美式足球最广为人知。

如何到达印第安纳大学

1 从机场前往

布卢明顿市并无国际机场，所以若要到印第安纳州，班机必须降落在印第安纳州首府印第安纳波利斯(Indianapolis)的机场(机场代码为IND)。抵达后，可在机场一楼行李提取处出口正对面的Ground Transportation搭乘直达印第安纳大学的接驳公车。单程车票为$25，可用现金或信用卡购买，出发前只需告知司机在学生活动中心(IU Memorial Union)下车。接驳公车06:40～22:40每两小时一班，因此不建议搭乘晚班的班机抵达印第安纳州。抵达校园后便可自由搭乘校园红色公车路线前往宿舍或各大系馆的办公室。

2 校园交通

布卢明顿市大众运输与印第安纳大学有长期合作关系，因此校内和校外交通都非常方便。在校内不需要持有任何证件，即可搭乘校内所有红色公车路线(A、B、D、E)。校外交通则需依赖布卢明顿市大众运输的绿色公车路线，凡是持有印大学生证的学生均可免费搭乘。由于校内公车路线不多，因此部分的绿色公车路线(如1、6、9)也会经过校园各处系馆。

有用的相关网站

机场接驳公车：www.bloomingtonshuttle.com
学校官方网站：www.iub.edu
印第安纳大学中国学生学者联谊会：www.indiana.edu/~iucssa/index.html

beautiful view

印第安纳大学10大美景

1.桑普尔之门 Sample Gates

2.安德鲁·威利故居博物馆 Andrew Wylie House Museum

3.赫曼·威尔斯纪念雕像 Herman Wells Sculpture

4.礼来图书馆 Lilly Library

5.罗斯采光井 Rose Well House

6.印第安纳学生活动中心 Indiana Memorial Union

7.植物园 Arboretum

8.印第安纳大学美术馆 IU Arts Museum

9.印第安纳大学艺术厅 IU Auditorium

10.肖瓦尔特喷泉 Showalter Fountain

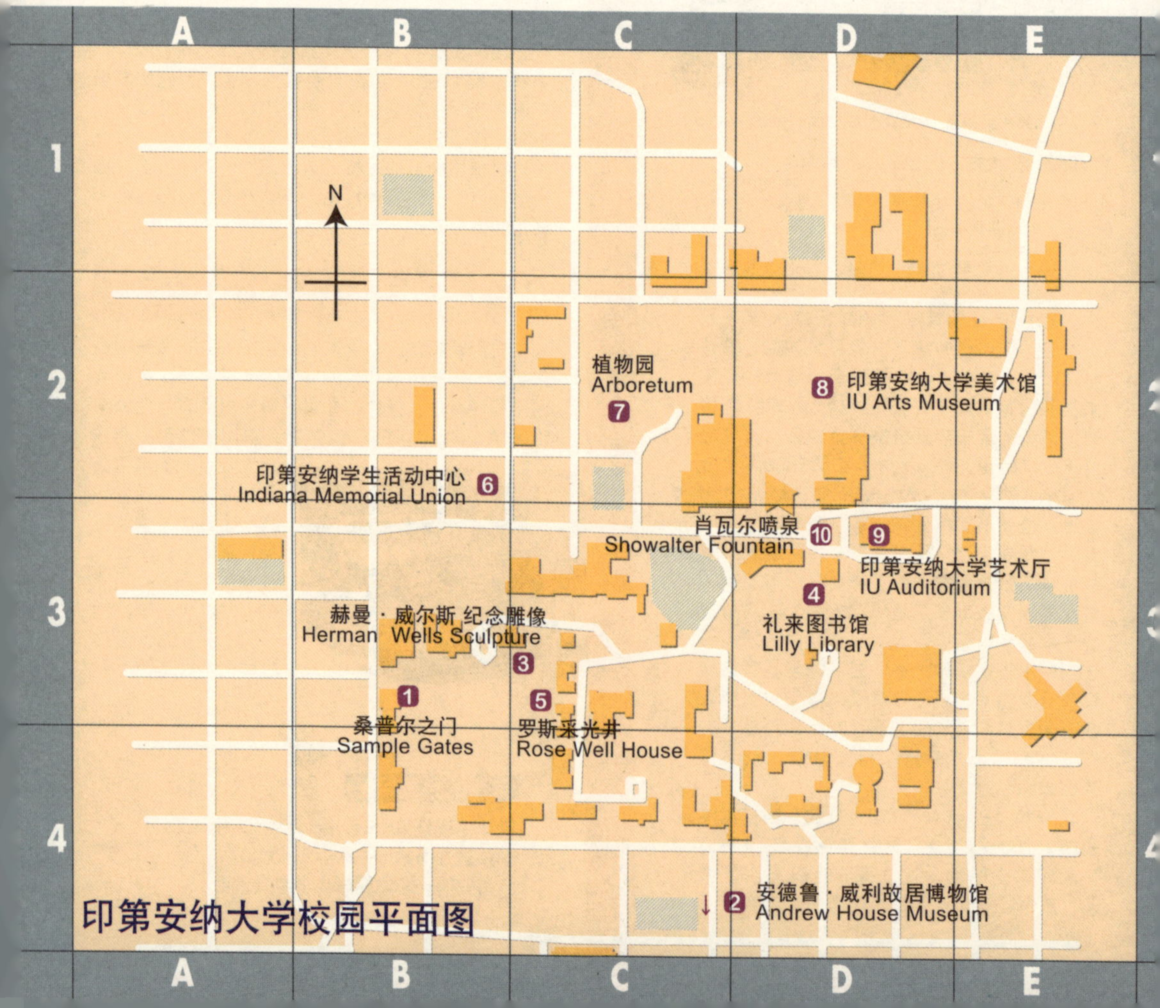

Top 1 桑普尔之门 MAP:B3
Sample Gates

(上)人来人往的桑普尔之门。
(下)桑普尔之门前的花圃群芳斗艳。

位于校园西边的森普之门建于1987年，由埃德森·桑普尔（Edson Sample）赞助并用他已故父母的姓氏命名纪念。桑普尔之门除了是一座纪念碑外，还是印第安纳大学的象征性入口。当你走进这入口，映入你眼帘的是美国每所大学最具有代表性的钟塔。桑普尔之门的存在同时也将热闹的布卢明顿市中心与印大校园做出明显的划分。

不同于其他纪念碑，桑普尔之门乍看之下还以为是欧洲某古堡的入口，因此成为一年四季观光客最热门的摄影景点。除了观光客，毕业生以及印大的校友也纷纷选择在此处拍摄毕业照或举行婚礼，真是好不热闹。春天的桑普尔之门更是百花齐放，花圃中开满了艳红色的郁金香，还穿插着不同颜色的花朵，如此美景实在令人赞叹，也难怪印第安纳大学有着全美最美丽校园的美名。

Top 2 安德鲁·威利故居博物馆 MAP:D4
Andrew Wylie House Museum

$ 向一般游客免费开放
每年于3～11月开放，时间为周二～周六10:00～14:00
http www.indiana.edu/~libwylie

印第安纳大学建校至今拥有170余年的历史，建校15年后印第安纳大学见证了伟烈亚力故居博物馆的诞生。伟烈亚力博物馆原为印大第一任校长安德鲁·威利（Andrew Wylie）以及家人的故居，但1947年印大第11任校长赫尔曼·威尔斯（Herman Wells）为了扩充印大图书馆体系的收藏，进而收购这栋私人不动产，现为美国国家古迹之一。

这栋故居不仅在外观上融合了美国南北以及乔治亚时期的建筑风格，室内精致的家居更充分呈现出安德鲁·威利家族当时的社会地位。该馆展览物品包含印大收藏的安德鲁·威利家族私人信件、19世纪极有特色的艺术拼布被褥，以及威利家族收藏品等，此馆的文化价值在于它不仅见证了美国19世纪的人文历史，而且还可作为学者的研究题材。除了基本导游外，安德鲁·威利故居博物馆近年来更致力于与布卢明顿当地的中小学教师合作，设计多元化、符合各年龄层的教育性质课程，以帮助中小学生更了解美国居民在1840前的生活环境，以及文化变迁所带来的影响和冲击。

伟烈亚力故居博物馆为百年古迹(图片转载自伟烈亚力故居博物馆官方网站)。

beautiful view

Top 3

赫曼·威尔斯纪念雕像 MAP:C3
Herman Wells Sculpture

1938年后将印第安纳大学推向世界学术声望巅峰的，非第11任校长赫曼·威尔斯(Herman Wells)莫属。赫曼·威尔斯为印第安纳大学奉献长达24年，在这期间他投入巨大的精力用于招揽世界各地顶尖的师资人才、绿化校园，以及完善系馆与学生设施。不同于一般坐在办公室内办公的大学校长，亲和力极高的他走进学生中间，并与他们交谈以便了解学生们的想法，他也因此长期受到师生们的爱戴。凡事亲力亲为的他在担任校长期间，亲笔在每一张毕业证书上签名以表达重视，据校方统计至少多达6万张。

赫曼·威尔斯于2000年逝世，享年98岁，位于桑普尔之门后方的雕像以及重新以他的姓氏命名的印大主要图书馆，都是为了纪念他为印大做出的贡献。

坐在长椅上的雕像充分展现出赫曼·威尔斯生前的亲和力。

Top 4

礼来图书馆
Lilly Library MAP:D3

$ 向一般游客免费开放
由于每学期开放时间并不固定，建议拜访前先上图书馆网站查询当季开放时间
http www.indiana.edu/~liblilly/info.shtml

如果热爱西方古典文学或是历史书籍，那么一定不能错过印第安纳大学内的礼来图书馆。礼来图书馆隶属印第安纳大学文学院，馆藏包括超过13万件音乐手稿、40万本珍贵书籍以及700万件文学作品原稿，此馆绝对是所有人文艺术学者的藏书阁。展览物品中有罕见的中世纪以及文艺复兴时期的文学作品原稿、美国第一任总统华盛顿接受总统之职的信函，以及欧洲早期的印刷美术作品等。

除了上述收藏，礼来图书馆还不定期在主要艺廊以及林肯图书室开放包罗万象的特别展供大众与学者参观、研究，多元的展览主题包含数学家所热爱的谜题、卡通以及漫画的演变史、音乐史、中国历史，等等。如果有机会拜访印第安纳大学，不妨安排一趟礼来图书馆知性之旅，相信定会收获良多。

古色古香的礼来图书馆。

Top 5 罗斯采光井 MAP:C3
Rose Well House

罗斯采光井大概是印第安纳大学校园内最诗情画意、最浪漫的景点之一。印大学生中流传，热恋中的情侣只要在西方情人节当天午夜12点在采光井下接吻，他们将携手共度一生。这个传说使得罗斯采光井成了校友间的最佳求婚地点，虽然传说的真实性早已不可考，却为此景添增了不少人文特色。

建于1908年的罗斯采光井不论外观还是内饰都相当精致，采光井在外观上富于欧洲文艺复兴时期的建筑特色，如：圆顶以及左右对称的圆柱；采光井的内观左右上方采用几何风格的彩绘玻璃，着实为采光井增色不少。如果有机会拜访，不妨在入秋的午后带上一本书，静静地在长椅上阅读也别有味道。

枯树与采光井在雪景中相互映衬。

采光井的另一侧。

精致的彩绘玻璃。

Top 6 印第安纳学生活动中心 MAP:B2
Indiana Memorial Union

位于校园西南方的学生活动中心，是印第安纳大学学生社交、休闲或是读书的聚集点，同时也是全美高校第二大学生活动中心。占地约46 500平方米的活动中心有着相当多元化的设施，如餐厅、会议厅、银行、美容院、书店、电影院以及保龄球馆等，还有附属的高级旅馆，为学术考察的来宾或是一般观光客提供住宿服务。

印第安纳学生活动中心不论外观还是内部装潢的设计理念都富有浓厚的欧洲古典风格，从罗马风格的裸体雕像以及回旋梯等可细细品味。而学生活动中心的四周最有特色的自然风景莫过于一条贯穿印大校园的乔登河以及好几座石头砌成的弯弯小桥，非常适合写生。而活动中心的内墙上更是挂满了不同时期不同风格的艺术品，其中最著名的艺术品是以旧圣经《出埃及记》为主题的彩绘玻璃，非常值得一看。

Top 7 植物园 MAP:C2
Arboretum

位于威尔斯图书馆旁的开放式植物园，不仅有绿化校园的功能，还为学子们提供了一个与大自然共处的生态环境。每当春天来临，随处可见席地而坐的学生悠闲地野餐、阅读以及轻弹吉他的情景。除了静态活动，植物园内还有规划完善的人行道，成了脚踏车族最热爱的路线之一。由于场地宽敞辽阔，这个植物园可是印第安纳大学一年一度的脚踏车赛事“Little 500”的起源地!

此处虽美其名曰植物园，但是植物园本身并没有太多的奇花异草，也许会让满心期待的植物学家有些许的遗憾，不过林立河畔的胡桃科、棕榈科、山羊科、蔷薇科以及山茱萸科植物还是十分丰富的。

Top 8 印第安纳大学美术馆
IU Arts Museum MAP:D2

- 向一般游客免费开放
- 周二～周六10:00～17:00，周日12:00～17:00，周一及国庆假日休馆

在古色古香的印大校园内，印第安纳大学美术馆是一座崭新、摩登甚至前卫的艺术品。建于1941年，当时美术馆的设计总监为美籍华人建筑师贝聿铭，他以挑高以及三角几何的概念设计了整个美术馆的外观以及室内空间。为了使美术馆更具有现代感，贝聿铭大胆地在美术馆的外观上采用格式的玻璃露天窗，让自然的阳光照射进来形成线条交错、别具一格的景观，不管从美术馆的外面看进来，还是从美术馆内看出去，都有不同的味道以及感受。位于二楼的咖啡厅同时也是印大美术馆的一大特色，除了可以在此购买纪念品，还可以静静地坐在沙发上喝咖啡稍事休息。

印大美术馆的基本展览相当多元，其中包括一楼的欧美中世纪至现代画展、二楼的亚洲古画展以及三楼的非洲美术展。除了固定的基本展览，美术馆每学期都有不同主题的特别展，如：2008年下半年度的特别展览主题为“花之美”，2009年上半年度的特别展览主题则是跨“越10世纪的伊斯兰书籍之美”。

Top 9 印第安纳大学艺术厅
IU Auditorium MAP:D3

$ 持有学生证可免费使用，一般访客须在前台购买访客票
周一～周五06:00～22:00，周六08:00～22:00，周日10:00～22:00

位于艺术三角区(艺术学院、艺术厅和礼来图书馆)的印第安纳大学艺术厅，建于1941年美国经济大萧条时期，当时印大艺术厅的建造工程隶属于美国前总统罗斯福的联邦政策框架，因此得到大量的资金支持。56年后，艺术厅于1997年正式进行第一次整修，耗时两年于1999年重新启用。外表看似平凡的艺术厅其内部设计不容小觑，中央厅院最多可容纳3154人、舞台面积344平方米、剧场休息室面积386平方米，因此不管是在舞台设计还是空间设计上，印大艺术厅与美国许多大城市的知名音乐厅比较起来毫不逊色。

在过去的60年中，印大艺术厅曾邀请过许多世界顶尖的艺术表演者以及百老汇音乐剧团前来公演，如：格莱美奖小提琴家希拉里·哈恩（Hilary Hahn）、中国天才钢琴家李云迪、百老汇《吉屋出租》、《大河之舞》最后一场巡回演出等，频繁又精彩的公演为校园增添了浓厚的艺术氛围。连续的年度公演还包括生动有趣的音乐剧《发胶明星梦》以及《妈妈咪呀》，再创一季活力勃发的艺术盛宴。

Top 10 肖瓦尔特喷泉 MAP:D3
Showalter Fountain

肖瓦尔特喷泉位于印大校园内最著名的艺术三角区的中央广场。建于1961年的肖瓦尔特喷泉，设计理念源自于意大利画家波提切利的名画《维纳斯的诞生》。肖瓦尔特喷泉的构成简单大方，前印大教授、雕塑家Robert Laurent以数只海豚环绕着位于喷泉正中央的维纳斯雕像，每当喷泉喷出水流，便仿佛营造出维纳斯由水中破茧而出的唯美意境。

优雅的维纳斯化身。

除了是件美丽的艺术品，从最早的1963年学生抗议越战运动，到1987年印大首次在全美大学篮球联盟大赛夺冠的历史性时刻，肖瓦尔特喷泉也见证着印大校园的历史与传统。不过，全美大学篮球联盟大赛夺冠后，喷泉内的一个海豚雕像却不翼而飞。消失的海豚雕像有多种说法，1999年印大学生报曾指出多半是有人在1987年印大篮球队夺冠后盗走了雕像。

印大的毕业生还有个相当奇特的传统，毕业生们会在喷泉前把毕业服脱掉并且在喷泉内淋浴，这个疯狂的举动如今已非常少见，不过还是有许多毕业生会象征性地把毕业服扔进喷泉，已完成这个传统的“仪式”。

印第安纳大学周边吃喝玩乐

布卢明顿市

美食餐厅

1 Siam House 泰式料理

✉ 430 E 4th St., Bloomington
$ 主食菜肴$11以上

颇地道的一家泰式餐厅，推荐该店的青木瓜沙拉前菜以及各式各样的咖喱主食。另外，味道浓郁却不腻的泰式奶茶也是该店的一大特色。

东亚风格的建筑是该店的最佳招牌。

2 La Dolce Vita 意大利料理

✉ 420 E 4th St., Bloomington
$ 主食菜肴$10以上

相当隐秘的意大利餐厅。

供应精致的意大利料理与美酒，该店的意大利面种类繁多，相信可以满足你味蕾上的每一根神经(不过该店的甜点并不出色，因此不建议尝试)。

3 Anyetsang's Little Tibet Restaurant 西藏料理

✉ 415 E 4th St., Bloomington
$ 主食菜肴约$9以上

相当罕见的西藏料理餐厅，喜欢的朋友不妨试试。许多印大学生都推荐该店的沙拉盘以及浓稠的西藏咖喱。

4 Anatolia Restaurant 土耳其料理

✉ 405 E 4th St., Bloomington
$ 主食菜肴$8以上

与西藏料理餐厅一样罕见，如果喜欢炭烤料理一定不能错过。不过该店的土耳其饮料因为口味非常特殊，东方人可能较难接受。

5 Ami 韩式料理

✉ 409 E 4th St., Bloomington
$ 主食菜肴$8以上

一家有着咖啡厅风格的精致韩式家庭餐厅，该店的砂锅饭相当好吃也非常地道，并有不限量的小菜供应。

6 Fortune Cookies 中式料理

✉ 1809 East 10th St., Bloomington
$ 主食菜肴$8以上

位于校内10th Street上，由于地点占有优势因此吸引了不少华人及其他顾客的光顾。该店最富有特色的主菜为四川水煮牛肉，喜欢吃辣的人不容错过。

7 Dragon Express 中式料理

✉ 1400 E 3rd St., Bloomington
$ 主食菜肴$7以上

位于校内3rd Street上，在法学院的斜对面，经济实惠的中式菜品，不过菜肴的种类变化不大。

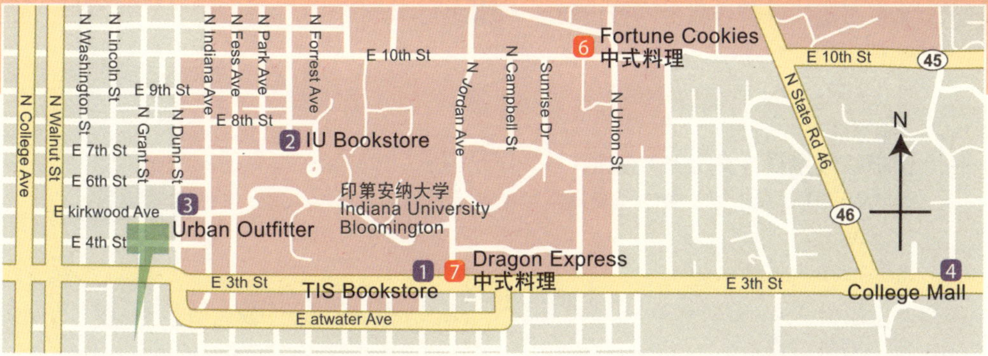

购物选择

1 TIS Bookstore

✉ 1302 E 3rd St., Bloomington

位于3rd Street上，一楼有许多富于IU精神的衣物，二楼则有学习用品及教科书。

2 IU Bookstore

✉ 900 E.7th St., Bloomington

位于学生活动中心(IMU)，性质与TIS Bookstore相当类似。

3 Urban Outfitter

✉ 530 E. Kirkwood Ave., Bloomington

位于桑普尔之门的正对面，深受大学生好评的流行衣物，到这儿来找准没错。

4 College Mall

✉ 2894 E 3rd St., Bloomington

印第安纳大学附近的一家中型百货公司，有A&F、Hollister、American Eagle以及Victoria Secrets等不少专柜。欲前往者需搭乘C-9号公车，司机会在College Mall的正对面停靠。

北京市版权局著作权合同登记图字：01-2010-7406
策划编辑：冉　颖
责任编辑：冉　颖

图书在版编目（C I P）数据
美国中部10大名校留学游学完全指南／刘昱承等编著、摄.—北京：旅游教育出版社，2011.7
ISBN 978-7-5637-2140-5
Ⅰ.①美… Ⅱ.②刘… Ⅲ.①留学生教育—概况—美国②高等学校—简介—美国 Ⅳ.①G649.712.8
中国版本图书馆CIP数据核字（2011）第040406号

美国中部10大名校留学游学完全指南
刘昱承 等　编著/摄影

出版单位：旅游教育出版社
地　　址：北京市朝阳区定福庄南里1号
邮　　编：100024
发行电话：（010）65778403　65728372　65767462（传真）
本社网址：www.tepcb.com
E-mail：tepfx@163.com
印刷单位：北京天成印务有限责任公司
经销单位：新华书店
开　　本：889×1194　1/24
印　　张：5.25
字　　数：123千字
版　　次：2011年7月第1版
印　　次：2011年7月第1次印刷
定　　价：29.00元

（图书如有装订差错请与发行部联系）